INHALT

> SZENE

S. 12–15: Trends, Entdeckungen, Hotspots! Was wann wo in der Ukraine los ist, verrät der MARCO POLO Szeneautor vor Ort

> 24 STUNDEN

S. 104/105: Action pur und einmalige Erlebnisse in 24 Stunden! MARCO POLO hat für Sie einen außergewöhnlichen Tag in Odessa zusammengestellt

> LOW BUDGET

Viel erleben für wenig Geld! Wo Sie zu kleinen Preisen etwas Besonderes genießen und tolle Schnäppchen machen können:

Für ein paar Euro Fußball live erleben S. 40 | Preiswertes Dessert 65 | Im Trolleybus für wenig Geld ans Meer S. 74 | Für 35 Cent über Bäumen schweben S. 99

> GUT ZU WISSEN

Was war wann? S. 10 | Spezialitäten S. 26 | Blogs & Podcasts S. 42 | Bücher & Filme S. 53 | Rock und Karpaten-Ska S. 55 | Fußball goes east S. 61 | Speck-takel zum Wodka S. 67 | Großer Bahnhof S. 79 | Was kostet wie viel? S. 113 | Währungsrechner S. 115 | Wetter in Kiew S. 116

AUF DEM TITEL

Das Kiewer Pinchuk Art Centre S. 37 | Barabaschka: der Nachtmarkt von Charkiv S. 94

5

4

ENTDECKEN SIE DIE UKRAINE!

Unsere Top 15 führen Sie an die traumhaftesten Orte und zu den spannendsten Sehenswürdigkeiten

Die Highlights sind in der Karte auf dem hinteren Umschlag eingetragen

1 Höhlenkloster
900 Jahre Geschichte und tiefe Frömmigkeit der Orthodoxie. Unternehmen Sie in Kiew eine Wallfahrt zu den 122 mumifizierten Heiligen (Seite 34)

2 Pinchuk Art Centre
Gursky meets Koons: Die private Kunstkollektion des ukrainischen Milliardärs Viktor Pintschuk in Kiew (Seite 37)

3 Sophienkathedrale
In der wichtigsten Kirche des Landes ruhen die Fürsten der Kiewer Rus. Die herrlichen Mosaiken stammen aus dem 11. Jh. (Seite 38)

4 Biosphärenreservat Karpaten
Natur pur: Hier wachsen dichte Buchenwälder, und der höchste Gipfel der Ukraine, die Howerla (2061 m), erhebt sich mittendrin (Seite 50)

5 Kamjanez-Podilskyj
Filmreifes Ensemble: eine unbezwingbare Burg und eine mittelalterliche Stadt, umgeben von einer atemberaubenden Schlucht (Seite 52)

6 Marktplatz von Lemberg
Die stolzen Kaufmannshäuser versetzen Sie augenblicklich in k. u. k. Zeiten. Die Unesco hat die Altstadt komplett unter Schutz gestellt (Seite 58)

7 Universität Tschernowitz
Backsteingotik und bunte Ziegeldächer: Der Tempel der Wissenschaft war in österreichischer Zeit geistiges Zentrum der Bukowina (Seite 68)

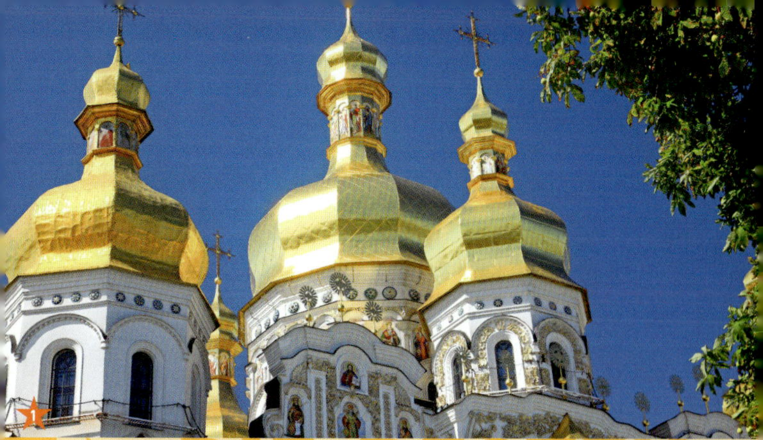

> DIE BESTEN MARCO POLO HIGHLIGHTS

8 Bachtschisaraj
Der Khanspalast der muslimischen Tataren, das orthodoxe Uspenskij-Kloster und die einst von Juden besiedelte Höhlenstadt Tschufut Kale (Seite 71)

9 Liwadija
Wo die Romanows die Sommerfrische genossen, legten Stalin, Churchill und Roosevelt die Umrisse Europas nach dem Krieg fest (Seite 77)

10 Sudak
Über steilen Klippen ragen Genueser Wehrmauern und Türme aus dem 14. Jh. in den Himmel (Seite 81)

11 Potjomkinsche Treppe
Der berühmteste Aufgang der Kinogeschichte: Steigen Sie die 192 Stufen vom Hafen hinauf ins Zentrum von Odessa (Seite 84)

12 Wilkowo
Wilde Pelikane, Schilfgürtel und himmlische Ruhe im Donaudelta (Seite 87)

13 Balaklawa
Stalins U-Boot-Bunker im Taurisberg: Hier weht ein Hauch von Kaltem Krieg (Seite 90)

14 Freiheitsplatz
Die steinerne Ikone des 20. Jhs. in Charkiw ist überwältigend (Seite 93)

15 Dnjepr-Kreuzfahrt
Bezwingen Sie den gewaltigen Strom vom Sonnendeck eines komfortablen Flusskreuzers aus (Seite 102)

WAS FÜR EIN LAND!

Auf der Krim: St.-Michaels-Kirche bei Liwadija

AUFTAKT

Das zweitgrößte Land Europas bietet Ihnen weiten Raum für unvergessliche Ferien. Entdecken Sie verträumte Dörfer, das zauberhaft charmante Lemberg, die pulsierenden Millionenstädte Kiew, Odessa oder Charkiw. Mächtige Flüsse, orthodoxe Klöster und stolze Festungen warten auf Sie! Reizt Sie ein Tauchgang im Schwarzen Meer oder wandern Sie lieber in den Karpaten? Genießen Sie subtropische Nächte auf der Krim oder lieber knackige Winter mit Eis und Schnee? Wofür Sie sich auch entscheiden: Überall begegnen Sie herzlichen, gastfreundlichen Menschen. Beste Voraussetzungen für einen erlebnisreichen, intensiven Urlaub!

> Ukraine – das klingt nach Babuschka und Borschtsch, nach heiratswilligen Schönheiten und Tschernobyl. Gefühlte Entfernung? Kurz vor Sibirien! Etwas Fremdes umgibt das Land, das sich beim Eurovision Song Contest bestens behauptet und die härtesten Boxer hervorbringt, auf der touristischen Weltkarte aber nicht einmal in Umrissen vorhanden ist.

Wo liegt die Ukraine (46 Mio. Ew.)? Die slawische Wurzel *krai* bedeutet sowohl „Gebiet, Land" als auch „Rand, Grenze". Mit der Vorsilbe u wird daraus ein Gebiet am Rand, ein Grenzland also. Jeder, der die westliche Staatsgrenze überquert, erfährt, dass hier immer noch eine Trennlinie verläuft, „zwischen Europa und etwas anderem", meint der Schriftsteller Jurij Andruchowytsch. Zwischen Vertrautem und Fremdem wartet ein faszinierendes Reiseziel auf Sie.

Ukrainniki nannten die Russen jene merkwürdigen Gesellen, die freiwillig an der unsicheren Grenze zu den offenen Steppen im Süden siedelten. Zum Beispiel die Kosaken, die auf der Flucht vor Leibeigenschaft dorthin zogen, um frei zu leben.

> *Immer wieder wurde das Land zur Beute fremder Mächte*

Der Preis war hoch: ein ständiger Kleinkrieg gegen die tatarischen Horden, die damals den Schwarzmeerraum beherrschten. Zu deren Nachfahren zählen die Krimtataren, die seit einigen Jahren aus Zentralasien auf die Halbinsel zurückkehren. In den Orten, aus denen ihre Eltern und Großeltern 1944 von Stalin brutal vertrieben wurden, beginnen sie ein neues Leben. Überall auf der Krim sehen Sie halbfertige Siedlungen mit unverputzten Rohbauten, Moscheen und Obst- und Gemüsegärten. Aber nicht nur kriegerische Mongolen ha-

Neben Nobelexemplaren reicher Russen legen im Yachthafen von Jalta auch Kreuzfahrtschiffe an

ben sich die Ukraine unterworfen. Immer wieder wurde das weite, flache Land zur leichten Beute fremder Mächte. Im Lauf der Jahrhunderte standen Teile der Ukraine unter litauischer, polnischer, türkischer, österreichisch-ungarischer, tschechoslowakischer, russischer und sowjetischer Herrschaft. Das Spannende daran: Alle haben Spuren hinterlassen. Griechische Siedlungen und genuesische Festungen auf der Krim, polnische Friedhöfe und litauische Festungen im Westen, sowjetische Kombinate und Kolchosen zeugen von bewegter Geschichte. Eine einzigartige, anregende Mischung. Zugegeben, das Land macht es Reisenden nicht immer einfach: Selbst die größten Schätze sind manchmal so schlecht ausgeschildert, dass Sie Ihren ganzen Spürsinn brauchen, um sie zu finden. An einem Tag ärgern Sie sich über die muffige Empfangsdame im Hotel, am nächsten Tag staunen Sie über den Portier, der Ihnen in bestem Deutsch einen schönen Tag wünscht. Doch diese Widersprüche machen es spannend, in der Ukraine unterwegs zu sein. Ausgetretene Touristenpfade – Fehlanzeige! Obwohl Englisch und Deutsch vor allem bei den Jüngeren auf dem Vormarsch sind, können Sie sich leider nicht darauf verlassen, dass man Sie überall versteht. Bereiten Sie sich etwas vor: Prägen Sie sich das kyrillische Alphabet ein, so finden Sie Restaurants und Sehenswürdigkeiten schneller.

> *Ausgetretene Touristenpfade – Fehlanzeige!*

Und kommen besser voran in einem Land der gewaltigen Dimensionen und großen Entfernungen: Über 600 000 km^2 dehnt sich die Ukraine aus, zwischen den weißrussischen Sumpfgebieten im Norden und der gebirgigen Südküste der Krim. Eine Fläche doppelt so groß wie Polen. Zwischen den Karpaten im Westen und dem kohlereichen Donezbecken liegen wogende Getreidefelder und karge Steppen.

Wirtschaftlich haben die Ukrainer seit dem Zusammenbruch der Sowjetunion viele Höhen und Tiefen erlebt. Nach einer längeren Phase des Wachstums seit 2000 wurde das Land 2008 von der Weltfinanzkrise besonders hart getroffen. Noch immer bilden Kohle und Stahl das Rückgrat. Doch die Schwerindustrie ist im Niedergang. Die meisten Betriebe sind sehr modernisierungsbedürftig. Trotzdem sind dort nicht nur trostlose

WAS WAR WANN?

Geschichtstabelle

9. Jh. Gründung der Kiewer Rus
988 Fürst Wolodymyr bringt das Christentum nach Kiew
1237–40 Mongolen greifen die Fürstentümer der Rus an
14.–18. Jh. Polnisch-litauische Herrschaft
1648 Kosakenaufstand; vorübergehende staatliche Selbstständigkeit
1654 Vertrag von Perejaslaw: Die Kosaken unterstellen sich dem Zaren im Kampf gegen Polen-Litauen
1667 Teilung des Landes: Ukraine links des Dnjepr russisch, rechts polnisch
1772 Galizien fällt an Österreich
1783 Russland annektiert die Krim
1793 Die rechtsufrige Ukraine wird russisch
19. Jh. Ukrainische Nationalbewegung
1918 Unabhängige Republik
1919 Eroberung durch Bolschewisten. Gründung der Sowjetukraine
1919/1920 Bürgerkrieg und polnisch-sowjetischer Krieg, als Folge wird die Westukraine polnisch
1932–1933 Hungersnot
1939 Hitler-Stalin-Pakt, UdSSR annektiert die polnische Westukraine
1954 Chruschtschow schenkt der Sowjetukraine die Krim
1986 Tschernobyl-Katastrophe
1991 Unabhängigkeit
1999 Premier: Viktor Juschtschenko
2002 Premier: Viktor Janukowitsch
2004 Orangene Revolution
2005 Juschtschenko Präsident, Julia Timoschenko Premierministerin
2006–10 häufige Regierungswechsel
2012 Das Land ist zusammen mit Polen Ausrichter der Fußball-EM

Landschaften zu finden: Die großen Städte im Osten vibrieren und beeindrucken mit fast unveränderter Sowjetarchitektur. Im Süden locken rund 1000 km Schwarzmeerküste mit Strand und Dauerparty, einer einzigartigen Tier- und Pflanzenwelt und der schillernden Perle Odessa. Nicht zu vergessen der mächtige Dnjepr, der das Land auf seinem Weg zum Schwarzen Meer in ein linkes und rechtes Ufer teilt und unvorstellbare Wassermassen transportiert: Allein der Stausee bei Krementschug ist fast viermal so groß wie der Bodensee. Güterverkehr gibt es so gut wie keinen, nur sechs Kreuzfahrtschiffe sind auf den 981 ukrainischen Flusskilometern unterwegs. An Bord sind Sie mit den Flusslandschaften wirklich allein! Und auch auf dem Land können Sie sich noch als Entdecker fühlen: Abseits der Großstädte scheint die Zeit stehen geblieben. Pferdegespanne rumpeln wie vor 100 Jahren über die Straßen, Kinder hüten Kühe und Gänse, Störche nisten auf den Dächern. Das Wasser kommt aus dem Brunnen, gekocht wird auf dem Holzfeuer. Die Moderne hält Einzug, aber gleichzeitig halten die Menschen an Traditionen fest: Falls Sie in einem entlegenen Dorf plötzlich im Stau stehen, können Sie fast sicher sein, dass in Ihrer Nähe ein Beerdigungszug unterwegs ist. Den zu überholen hieße, das Schicksal herausfordern.

Aber nicht alles ist ein Idyll: Manches Gewässer ist verschmutzt, die eine oder andere wilde Müllkippe verschandelt die Aussicht, und selbst an den schönsten Küsten der Krim rosten hässliche Bauruinen vor sich hin, weil das Geld für den Abriss fehlt. Das ist die unschöne Seite von Postsowjetismus und Turbokapitalismus. Doch in der Ukraine liegen die Extreme nun einmal oft dicht beieinander: In Kiew sucht eine alte Frau im Müll nach leeren Glasflaschen, um mit dem Verkauf ihre Rente aufzubessern.

Im Biosphärenreservat Karpaten reichen die höchsten Gipfel über die 2000-m-Grenze

> In der Ukraine liegen die Extreme dicht beieinander

Neben ihr springt ein junger Mann mit getönter Sonnenbrille aus einer Nobelkarosse, für die er einen sechsstelligen Dollarbetrag hingeblättert haben dürfte. Der penetrant zur Schau gestellte Reichtum, die restlose Überzeugtheit von den Weihen des Konsums dürfen aber nicht darüber hinwegtäuschen, dass viele Ukrainer in schwierigen materiellen Verhältnissen leben. Viele Menschen sind arbeitslos, andere haben zwei oder drei Jobs, um ihre Familie durchzubringen. Gleichzeitig herrscht große Solidarität. Gerade weil es kaum funktionierende Sozialsysteme gibt, springen Ukrainer ganz selbstverständlich füreinander ein. Wenn Sie das Land auf eigene Faust erkunden, bringen Sie Neugier mit – und ein wenig Lust an der Improvisation. Und scheuen Sie sich nicht, auf Menschen zuzugehen. So werden Sie den größten weißen Fleck auf der europäischen Landkarte für sich mit Farbe füllen. Freuen Sie sich auf die Ukraine!

TREND GUIDE UKRAINE

Die heißesten Entdeckungen und Hotspots!
Unser Szene-Scout zeigt Ihnen, was angesagt ist

Andreij Kiritchenko
mischt als DJ die ukrainische Musikszene auf. Als Musiker ist er viel unterwegs und immer auf der Suche nach den neuesten Nightlife-Hotspots. Von den Partys erholt sich unser Trend-Scout am liebtsten bei Jazzkonzerten oder in den menschenleeren Gebieten der Ukraine. Genau diese Gegensätze liebt er an seiner Heimat, denn hier trifft Nostalgie auf Aufbruchstimmung.

SANDIMATION

Kunstvolles aus und in Sand

Seit dem Sieg von *Kseniya Simonova* bei *Ukraine's Got Talent*, dem Pendant zum deutschen *Supertalent*, das sie mit ihrer Sandanimation gewann, erlebt die Kunst mit den feinen Sandkörnern einen Boom. Millionen von Klicks sammelt die junge Ukrainerin seither mit ihrer Performance, bei der sie, passend zur musikalischen Untermalung, Geschichten auf einer beleuchteten, mit Sand berieselten Platte inszeniert *(z. B. www.youtube.com/watch?v=518XP8prwZo)*. Die besten Sandskulpturenkünstler treffen sich jedes Jahr im Sommer auf den Sandskulpturenfestivals in Kiew *(www.sandfestival.org)* und in Charkiw *(pl. Swobody, www.kharkov.ua,* Foto*)*. Die Festivals stehen unter Mottos wie z. B. „Märchen" oder bedeutende architektonische „Weltwunder".

SZENE

▶▶ SCHNEESCHUHWANDERUNG

Yeti-Feeling in der eisigen Wildnis

Auf Safari in den Waldkarparten? Wer etwas Besonderes erleben will, zieht zusammen mit erfahrenen Guides durch eines der am geringsten besiedelten Gebiete Europas – und zwar im Winter. Bei Schneeschuhwanderungen durch die schneebeckte Landschaft wird den Sportlern nicht nur Kondition, sondern auch mentale Stärke abverlangt. Doch der Lohn für die Mühe ist gewiss: eine vollkommen unberührte Natur! Mit etwas Glück sieht man in der Ferne auch wilde Tiere. Die Touren werden z. B. von *Albatros Outdoor* *(www.albatros-outdoor.de)*, *Waschbär Reisen* *(www.waschbaer-reisen.de)* oder *Schulz Aktiv Reisen* *(www.schulz-aktiv-reisen.de)* angeboten. Wer sich schon vorher ans Schneeschuhlaufen gewöhnen will, findet unter *www.outdoorukraine.com* (Foto) Anleitungen zum Selberbasteln.

▶▶ UKRAINISCHES FAST FOOD

Borschtsch und warenyky to go

Die Ukrainer lassen sich Fast Food schmecken. Doch Pommes, Burger und Co. kommen ihnen nicht in die Tüte. Schnellrestaurants bieten seit Neuestem traditionell ukrainische oder russische Gerichte zum Mitnehmen an. Der Hunger zwischendurch wird z. B. bei *Dva Gusya* gestillt. Hier bestellt man Snacks wie *oseledets* (Hering) oder ein Maxi-Menü aus verschiedenen Borschtscharten, einem Fleisch- oder Fischgericht wie *smazhenyna* (gebratenes Fleisch mit Gemüse in scharfer Sauce) und als Dessert süße *warenyky* (gefüllte Teigtaschen) *(z. B.wul. Suchowolya 52a, Truskawets, www.dvagusya.ua)*. Perfekt als Takeaway eignet sich auch die Chicken-Kiew-Kreation von *Shvydko*, bei der das Nationalgericht auf einem Spieß serviert wird *(bul. Gnata Juri 20, Kiew, www.shvydko.ua)*.

METALLIC LOOK

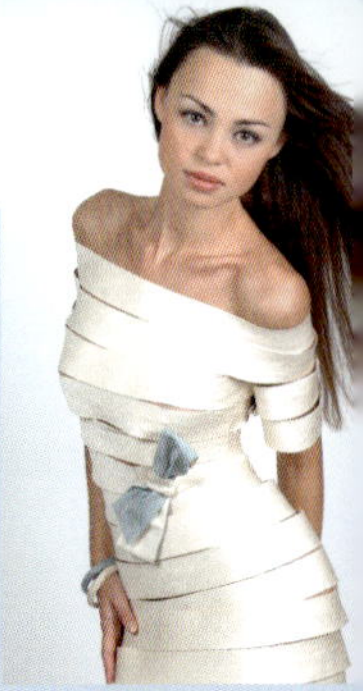

Außerirdische Designs

Glänzende Kleider, die zwischen einzelnen Stoffbahnen die Haut durchblitzen lassen, sind aufregend feminin und Kreationen der Designerin *Ludmila Kislenko*. In ihrer Boutique *Lyckis* sind die futuristischen Metallic-Outfits der Renner *(pr. Mayakovskogo 15, Kiew, www.lyckis.com.ua,* Foto*)*. Auch *Andre Tan* hüllt seine Models in glänzendes Satin mit Schlitzen und kombiniert den Look mit Plateaustiefeln *(z. B. in der Boutique Imperial, wul. Mentschinskogo 6, Lemberg, www.andretan.com.ua)*. Mit seinen innovativen Metallic-Kreationen ist *Oleksiy Zalevskiy* der Star auf den ukrainischen Catwalks *(www.zalevskiy.com)*.

OPEN AIR

Party am Strand von Arkadia

Partyhotspot Odessa: Unter freiem Himmel trifft sich das Feiervolk, um die Nacht zum Tag zu machen. Ab 20 Uhr verwandelt sich der Beach Club *Tropicano* in einen der heißesten Nightlife-Hotspots der Küstenregion *(ul. Lanzheronowskaja 26)*. „Dress to impress" ist das Motto im *Riviera*. An einem der angesagtesten Strände Odessas tanzt die High Society auf dem weichen Sand zwischen Palmen und Fackeln *(13. Abschnitt des Bolschoj Fontan)*. Der Place-to-be ist das ganz in Weiß gehaltene *Ibiza* (Foto). Der Partytempel ist treppenförmig angelegt und in kleine Bereiche unterteilt *(Arkadia Beach, www.youtube.com/watch?v=Mf02hGiTvh0)*.

MIX IT, BABY

Experimentelle Musik

Die neue Musikergeneration nennt sich Soundkünstler und liebt es experimentell. *Zavoloka* legt mit ihrem Mix aus elektronischer Musik und Aufnahmen alltäglicher Situationen, die sie auf der ganzen Welt sammelt, eine Blitzkarriere hin *(www.zavoloka.com,* Foto*)*. Andreij Kiritchenko von *Nexsound* mischt die ursprünglichen Klänge traditioneller Instrumente wie Lyra oder Zimbel und kreiert zusammen mit bestehenden Aufnahmen elektronische Dialoge *(www.nexsound.org)*. Mit Tracks zwischen Sound Art und Electronika sind die Musiker gern gesehene Gäste im *Cinema (wul. Entuziastiw 1, Kiew)* oder *Morcheeba Club (wul. Artema 37–41, Kiew, www.morcheeba-club.kiev.ua)*.

NEUES IN SACHEN KUNST

New Wave Transavantgarde

Farbenfrohe Kunstwerke mit düsterer Ausstrahlung – ein Widerspruch in sich? Nicht wenn die ukrainischen Künstler der *New Wave Transavantgarde* am Werk waren. Ein Vertreter der neuen Kunstrichtung ist *Viktor Dmitrowitsch Sydorenko*, der klassische Skulpturen durch blaues Licht unheimlich wirken und bunt bemalte Menschen zu Salzsäulen erstarren lässt *(www.sydorenko.kiev.ua)*. Absurditäten und Provokationen haben es auch der Künstlergruppe *R.E.P. (Revolutionary Experimental Space)* aus Kiew angetan, die z. B. eine ukrainische Schmugglergruppe auf ihrem Weg nach Polen mit bunten Luftballons begleitete *(www.rep.tinka.cc)*. Eines ihrer Projekte konnte man bereits in der *Zeh Gallery*, dem Hotspot für Newcomer, bewundern *(wul. Frunse 69, Kiew, www.zeh.com.ua)*. Das *EIDOS Contemporary Art Centre* in Kiew bietet eine Plattform für ukrainische Newcomer und eröffnet ihnen den Zugang zum internationalen Kunstgeschehen *(www.eidosfund.org*, Foto*)*.

EXTREME RENNEN

Special Tasks

Ironman war gestern. In den ukrainischen Karpaten stellen sich Abenteurer einer neuen Herausforderung: neben dem sportlichen Strapazen, die längere Läufe mit sich bringen, müssen sie auch noch technische Aufgaben bewältigen. Beim *Gorgany*-Rennen stehen nicht nur die Disziplinen Orienteering, Klettern und Abseilen auf dem Programm. Die Special Tasks des 30-Stunden-Marathons verlangen schon mal den Bau eines Bootes, um eine Teilstrecke damit zurücklegen zu können *(www.gorganyrace.com)*. Beim *Ferrino Mountain Marathon*, dem härtesten Abenteuerrace der Ukraine, bewältigt man in 100 Stunden 370 km und bezwingt dabei einige der höchsten Gipfel der Karpaten. Die Sportler müssen in den Disziplinen Bike, Trekking und Katamaran glänzen und zusätzlich die vor dem Start streng geheim gehaltenen Aufgaben lösen *(www.adventurerace.in.ua)*. Die Adventure Tour von *Adventure Carpathians* nutzen die Sportler als Vorbereitung für die harte Saison *(www.adventurecarpathians.com*, Foto*)*.

> SCHWARZERDE, KOSAKEN UND MILLIARDÄRE

Wissenswertes über eiserne Fäuste, märchenhaft Reiche und das große Wasser

DNJEPR

Mit 2285 km, davon 981 km in der Ukraine, ist der Dnjepr (ukrainisch: *Dnipro*) der drittlängste Strom Europas – nach Wolga und Donau. Der Name stammt aus dem Skythischen und bedeutet „großes Wasser". Der Dnjepr entspringt westlich von Moskau, fließt durch Weißrussland und die Ukraine nach Süden und mündet unterhalb von Cherson ins Schwarze Meer. Im Sommer baden die Menschen im Fluss, obwohl das Wasser durch Industrieeinleitungen verschmutzt sein kann.

GLAUBE UND ABERGLAUBE

In der Sowjetunion wurden Hunderte Kirchen und Klöster gesprengt oder als Schweineställe und Lagerräume

Bild: Die Sophienkathedrale in Kiew

STICH WORTE

genutzt. Doch inzwischen erweist sich die Kirche wieder als lebendig. Sowohl das mächtige Moskauer Patriarchat als auch das Kiewer Patriarchat und die ukrainisch-autokephalen (unabhängigen) Orthodoxen buhlen mit eigenen Kirchen um Anhänger. Dabei geraten sich die Konkurrenten regelmäßig in die Haare: Mal geht es um die wahre Lehre, mal schnöde um Immobilien. Neben Orthodoxen (51 % der religiösen Bevölkerung) gibt es Protestanten (28,4 %), Griechisch- (11,3 %) und Römisch-Katholische (2,7 %), Muslime (3,6 %) und Juden (0,8 %). So fromm viele Menschen sind, so sehr hängen sie an Volks- und Aberglauben, deren Regeln sie im Alltag penibel befolgen. Ukrainerinnen stellen niemals ihre Handtasche auf die Erde – das Geld könnte weglaufen. Im Restaurant stehen darum manchmal kleine Bänkchen neben den Tischen.

HOLODOMOR

Die Hungersnot der Jahre 1932/33 hatte keine klimatischen Ursachen: Um den Widerstand der Bauern gegen die Kollektivierung zu brechen, ließ ihnen Stalin Getreide und Saatgut wegnehmen. Die Dörfer wurden abgeriegelt. Mehrere Millionen Menschen verhungerten. Ukrainer sprechen von geplantem Völkermord. Russische Historiker streiten dies ab, weil auch in anderen Sowjetrepubliken Hunger geherrscht habe. Der Begriff Holodomor setzt sich aus *holod* (Hunger) und *mor* (Tod) zusammen.

Denkmal für die Stadtgründer Kiews

KIEWER RUS

Im 9. Jh. entstand die Kiewer Rus als ostslawisches Reich, das sich von der Ostsee bis zum Schwarzen Meer erstreckte. Krieger und Kaufleute aus Skandinavien, die Waräger, waren die treibende Kraft. Bei den Ostslawen hießen die Neuankömmlinge aus dem Norden *rusi* („Ruderer"). 988 führte Großfürst Wolodymyr die Rus zum orthodoxen Glauben. Kiew wurde Zentrum des neuen Reichs und gilt bis heute vielen Osteuropäern als Mutter aller russischen Städte.

KLITSCHKO-BRÜDER

Vitali kam in Kirgisistan zur Welt, sein Bruder Wladimir in Kasachstan. 1985 zog die Familie nach Kiew. Die beiden Schwergewichtsweltmeister und promovierten Sportwissenschaftler sind die unbestritten größten Idole der Ukraine. Auch wegen ihres Engagements außerhalb des Boxrings: Beide unterstützten die Orangene Revolution. Zweimal trat Vitali „Doktor Eisenfaust" Klitschko erfolglos bei den Bürgermeisterwahlen in Kiew an, wo er mit eigener Fraktion im Stadtrat sitzt. Seit vielen Jahren unterstützen die Boxer auch Wohltätigkeitsprojekte. Während Wladimir die meiste Zeit in Hamburg lebt, pendelt Vitali zwischen Kiew und der Hansestadt.

KORRUPTION

Wer den Führerschein macht, zahlt neben der offiziellen Gebühr noch ein saftiges „Extra" an den Prüfer. Und wer in eine Polizeikontrolle gerät, gibt dem schlecht bezahlten Milizionär lieber ein paar Scheine, als stundenlang auf der Wache ein Protokoll zu schreiben. Im Gesundheitswesen sind Schmiergelder ebenso üblich wie an der Uni: Studienplätze, Prüfungen und Doktorarbeiten – alles käuflich. Behördenstempel sowieso. Und ohne Stempel geht fast nichts in diesem Land. Die Korruption zu überwinden bleibt eine der dringendsten Aufgaben auf dem Weg der Ukraine nach Westen.

KOSAKEN

Der Begriff „Kosaken" kommt wahrscheinlich aus dem Türkischen und bezeichnet einen freien Mann. Als im 17. Jh. per Gesetz die Leibeigenschaft der Bauern eingeführt wurde, flohen Tausende Männer in die unbesiedelten Steppen am Don und am Dnjepr. Auf der Insel Chortyzja am Unterlauf des Dnjepr gründeten sie ein befestigtes Lager, die *Sapoproshjer Sitsch*. Die Kosaken jagten, fischten und lebten von Raubzügen. Ackerbau galt als verpönt, weil er an Knechtschaft erinnerte. Auf der Suche nach Verbündeten schlossen sie sich unter ihrem Anführer Bohdan Chmelnyzky 1654 mit Moskau zusammen. Ein fataler Schritt: Die Kosaken verloren ihre Autonomie, die Ukraine wurde unter Russland und Polen aufgeteilt.

OLIGARCHEN

Sie sind schwerreich, betreiben ihre Geschäfte diskret und verfügen über beste Verbindungen in die Politik: die Oligarchen. Rinat Achmetow heißt der reichste aller Neureichen. Der aus Donezk stammende Industrielle kam während der Privatisierungen in den 90er-Jahren zu märchenhaftem

Reichtum. Heute leitet er ein weit verzweigtes Wirtschaftsimperium. Viel Geld steckt der Multimilliardär in seinen Fußballclub Schachtjor Donezk, dessen Präsident er ist. Ein weiterer bedeutender Oligarch ist Viktor Pintschuk. Der Schwiegersohn von Expräsident Leonid Kutschma gilt als einer der größten Kunstsammler Osteuropas. Zu Pintschuks jährlichen „European Strategy"-Treffen geben sich *elder statesmen* von Schröder bis Blair ein Stelldichein.

Die Orangene Revolution brachte Neuwahlen und weltweite Aufmerksamkeit

ORANGENE REVOLUTION

Frierende, aber glückliche Menschen mit orangefarbenen Schals und Mützen – die Bilder vom Kiewer Unabhängigkeitsplatz, kurz: Majdan, gingen im Winter 2004 um die Welt. Hunderttausende Ukrainer protestierten gegen Wahlbetrug bei der Präsidentenwahl. Die Menschen bezweifelten den Sieg von Viktor Janukowitsch, dem Wunschkandidaten des scheidenden Präsidenten Leonid Kutschma. Nach wochenlangen Protesten erreichten die Demonstranten ihr Ziel: Neuwahlen, aus denen Oppositionsführer Viktor Juschtschenko am 26.12.2004 siegreich hervorging. So groß die Euphorie, so tief die Enttäuschung: Juschtschenko und seine frühere Verbündete Julia Timoschenko gaben sich seit der Revolution vor allem internen Machtspielen hin, die das Land von einer politischen Krise in die nächste trieben. Trotzdem herrscht ein gesellschaftliches Klima von Toleranz und politischer Freiheit. Ein wichtiges, hoffentlich bleibendes Erbe der Revolution.

TARAS SCHEWTSCHENKO

Ein Denkmal des Mannes mit dem markanten Schnauzbart findet sich in jeder noch so kleinen Stadt der Ukraine. Häufig steht es dort, wo früher das Lenindenkmal stand. Unzählige Straßen, Plätze und die Kiewer Universität sind nach dem Dichter Schewtschenko (1814–61) benannt. Viele seiner Gedichte sind Allgemeingut, etliche Volkslieder stammen aus seiner Feder. Seine berühmteste Lyriksammlung „Kobzar" ist dem wandernden Sänger und Musiker, dem Kobzaren, gewidmet. Weil sich Schewtschenko für eine freie Ukraine einsetzte, verbannte ihn der russische Zar nach Kasachstan. So wurde der Poet zum Symbol ukrainischen Nationalbewusstseins.

SCHWARZERDE

„Kornkammer" oder „Brotkorb" Europas, diesen Ruf verdankt die Ukraine ihren fruchtbaren Schwarzerdeböden. Nicht nur Getreide und Zuckerrüben wachsen quasi wie von selbst. Auch Raps gedeiht in der humusreichen Erde prächtig. Einige Dutzend deutsche Landwirte haben das erkannt. Sie pachten Land von den ehemaligen Kolchosbauern und erzielen mit westlichem Know-how und moderner Technik gute Gewinne. Davon profitieren auch die Einheimischen.

TSCHERNOBYL

Techniker wollten ausprobieren, wie schnell man den Reaktor bei einem Stromausfall abschalten könnte. Bedienfehler und Konstruktionsmängel schaukelten sich hoch und endeten im Super-GAU: Am 26. April 1986 explodierte der vierte Reaktorblock des Kernkraftwerks, etwa 140 km nördlich von Kiew. Große Mengen an radioaktivem Material wurden in die Luft geschleudert und verteilten sich über Europa. Hunderttausende leiden bis heute unter den gesundheitlichen Folgen. Seit 2008 wird für fast eine halbe Milliarde Euro eine neue Schutzhülle um die Reaktorruine gebaut, die 100 Jahre halten soll.

UKRAINISCH

Auch wenn es ähnlich wie Russisch klingt: Ukrainisch ist eine eigenständige ostslawische Sprache mit Ähnlichkeiten zum Polnischen. Schriftsprache und Literatur entstanden Ende des 18. Jhs., wurden aber von den russischen Zaren weitgehend verboten. Auch in der Sowjetunion war die Sprache unterdrückt. Das Ukrainische verwendet wie das Russische kyrillische Schriftzeichen, hat aber ein paar Buchstaben mehr. Seit 1991 ist Ukrainisch Amtssprache. Der Osten und der Süden sprechen traditionell eher Russisch, der Westen und das Zentrum eher Ukrainisch. Viele wechseln zwischen beidem hin und her. Manchmal kommt dabei sogar etwas Neues heraus: die Mischsprache *surschyk*.

MAGIE DER OSTERNACHT

Religiöse Feste oder Sowjetfeiertage – Gründe zum Feiern müssen Ukrainer nicht lange suchen

> Auch wenn das orthodoxe Weihnachtsfest erst am 7. Januar gefeiert wird, die Geschenke bringen „Väterchen Frost" und „Schneeflöckchen" schon ein paar Tage früher: am Neujahrstag.

Zum Jahreswechsel lassen viele Ukrainer die Korken doppelt knallen: An Silvester und zusätzlich in der Nacht vom 13. auf den 14. Januar. Dann begrüßen Traditionsbewusste das „alte" Neujahr – nach dem julianischen Kalender.

Die ganze Osternacht hindurch strömen die Menschen in die von Kerzen erleuchteten Kirchen. Jede Familie bringt ein Weidenkörbchen mit bemalten Eiern *(pysanky)* und dem Osterkuchen *paska* mit. Vor der Kirche segnen Priester die Körbe mit dem Gruß „Christus ist auferstanden". „Wahrhaftig auferstanden", antworten die Gläubigen.

In den Wochen nach Ostern *(pominalnije dni* oder *prowody)* pilgern Familien auf den Friedhof und veranstalten ein Picknick für die Verstorbenen. An den Gräbern sind dafür Tisch und Bänke angebracht. Auch Wodka wird zu Ehren des Toten gereicht. Anstoßen ist ausnahmsweise nicht erlaubt.

OFFIZIELLE FEIERTAGE

1. Jan. *Neujahr*, **7. Jan.** *orthodoxes Weihnachten,* **8. März** *Internationaler Frauentag,* **März/April** *Orthodoxes Ostern,* **1./2. Mai** *Tage der Arbeit,* **9. Mai** *Tag des Sieges,* **28. Juni** *Tag der Verfassung,* **24. Aug.** *Unabhängigkeitstag (Nationalfeiertag)*

FESTE UND VERANSTALTUNGEN

Januar

Taufe Christi (19. Jan.): Überall werden kreuzförmige Löcher in die zugefrorenen Seen und Flüsse geschlagen. Ein Geistlicher segnet das Wasser, Gläubige füllen es in Gefäße und bewahren es das Jahr über auf. Ganz Mutige baden im Eisloch.

März und Oktober

▶▶ *Fashion Week* Kiewer Prêt-à-porter-Schauen mit den berühmtesten ukrainischen Modedesignern. *www.fashionweek.com.ua*

Aktuelle Events weltweit auf www.marcopolo.de/events

> EVENTS FESTE & MEHR

April

Humorfestival Odessa: Kein Scherz: Am 1. April ist die ganze Stadt auf den Beinen. Festumzug, kostümierte Odessiter, Gratiskonzerte – ein Hauch von Rosenmontag in der selbst ernannten Welthauptstadt des Humors.

Juni

▶▶ *Tschaika-Open-Air:* zweitägiges Rockfestival auf einem alten Militärflugplatz am Stadtrand von Kiew. *www.chaykafest.com*

Juli/August

Iwana Kupala (6./7. Juli): In der kürzesten Nacht des Jahres lassen junge Frauen Blumenkränze in Flüssen schwimmen. Aus dem Abdriften lässt sich die Zukunft ablesen. Springen Sie übers Lagerfeuer und suchen Sie im Wald nach blühendem Farn – das verheißt Glück!

▶▶ *Kasantip* – der längste Rave der Welt *(Mitte Juli bis Ende Aug).* Fünf Wochen Techno, Trance und House nonstop. Am Strand von Popowka bei Jewpatorija im Westen der Krim. Open-Air-Clubs, Bars und Lounges. *www.kazantip.de*

September

Lemberger Buchforum: Buchmesse mit über 700 Verlagen. Großer Kinderbuchschwerpunkt und Literaturfestival. *www.bookforum.com.ua*

Jazz-Festival Koktebel: An einem langen Spätsommerwochenende verwandelt sich die Strandpromenade im Osten der Krim in eine Open-Air-Bühne für Jazzgrößen und Neuentdeckungen. *www.koktebel.info* Insider Tipp

Oktober

Molodist-Filmfestival: Seit 1970 werden in Kiew jedes Jahr rund 300 Debütwerke junger Filmemacher vorgestellt (*molodist* = Jugend). Internationale Wettbewerbsbeiträge und Stars aus dem Westen sorgen für Glamour. *www.molodist.com*

Weitere Festivals mit Links: *www.mfa.gov.ua/mfa/en/publication/content/23818.htm*

> BORSCHTSCH, MLYNZI, WARENYKY

In der deftigen ukrainischen Küche darf ein Klecks saure Sahne nicht fehlen

> Nirgends verbringen die Ukrainer so viel gemeinsame Zeit wie beim Essen. Schon zum Frühstück kommt mit Vorliebe Deftiges auf den Tisch: Würstchen, *kascha* (warmer Buchweizenbrei) oder *mlynzi,* dünne Pfannkuchen mit Quarkfüllung. Und zwar in solch großen Portionen, als müssten sie danach einen Acker pflügen. Die ukrainische Küche ist eben eine bäuerliche Küche. Frisch verarbeitet und gegessen wird, was Felder und Viehhaltung hergeben.

Bild: Borschtsch

Im Sommer quellen die Märkte von saftigem Obst und knackigem Gemüse über. Im Winter ist die Auswahl deutlich schmaler. Kohl, Rüben und Kartoffeln gibt es immer: 140 kg Erdäpfel verspeist jeder Ukrainer pro Jahr, nur die Russen schaffen noch ein paar Knollen mehr. Brot *(chlib)* zählt ebenso zu den Grundnahrungsmitteln. Ein paar Scheiben gehören zu jedem Essen. Ukrainisches Brot ist staatlich subventioniert und wird

ESSEN & TRINKEN

noch wie zu Sowjetzeiten in riesigen Kombinaten gebacken. Einfache, schmackhafte Roggenmischbrote sowie Weißbrot *(baton)* bestimmen das Angebot.

Gekocht wird in den meisten Familien noch selbst. Jede Hausfrau hütet ihr Borschtsch-Rezept. Die Ukrainer sind überzeugt, dass sie diese köstliche Suppe erfunden haben. Rote Beete gibt dem Gemüseeintopf seine Farbe, die kräftige Brühe liefern Rind, Huhn oder Schwein. Obligatorisch ist der Klecks *smetana* (Schmand), mit dem der Borschtsch, wie auch sonst fast alle Speisen, verfeinert wird.

Wie die Russen haben die Ukrainer ständig Appetit auf gefüllte Teigtaschen. Gebraten oder gebacken heißen sie *pyrischky,* gedämpft oder gekocht *warenyky.* Auch Pilze, frisch, eingemacht, oder getrocknet, stehen hoch im Kurs.

Eine Einladung nach Hause oder ein traditionelles Festmahl im Restaurant beginnt mit den *sakuski* (Vorspeisen): Der Tisch verschwindet unter einer unüberschaubaren Zahl von Schüsseln und Tellern mit appetitlichen kalten Happen: Räucherfisch, Rote-Beete- und Geflügelsalat, Schinken, Fleischbällchen, Würstchen, Käse, sauer eingelegtem und frischem Gemüse. *Salo* darf ebenfalls nicht fehlen: in Salz gereifter, fetter Schweinerückenspeck, hauchdünn auf einer Scheibe Schwarzbrot.

> SPEZIALITÄTEN

Genießen Sie die typisch ukrainische Küche!

SPEISEN

borschtsch – Eintopf hauptsächlich aus Roter Beete, Weißkraut, Kartoffeln, Zwiebeln, Karotten, Tomaten, meist Rind-, aber auch Huhn- oder Schweinefleisch

bulotschky – leicht süße Hefebrötchen

deruny – Kartoffelpuffer

haluschky – gnocchiartige Klößchen

holodec – Sülze

holubtsi – (wörtl.: „kleine Täubchen") Kohlrouladen mit Reis-Fleisch-Füllung

kotleti po kiewski – mit Butter gefüllte Hühnerbrust („Chicken Kiew")

kulisch – Suppe aus Hirse, Kartoffeln und Speck

kwaschenaja kapusta – Sauerkraut

mlynzi – gefüllte Weizenpfannkuchen, mal süß (mit Quark), mal salzig (mit Schinken), mal edel (mit Kaviar) (Foto)

okroschka – kalte Gemüsesuppe mit Buttermilch oder Kwas

pampuschky – Weizenbrioche mit Knoblauchöl als Beilage zu Borschtsch

schaschlyk – am Spieß über Holzfeuer gegrilltes Fleisch oder Fisch

selenyj borschtsch – grüne Gemüsesuppe mit Sauerampfer

semiki – Sonnenblumenkerne zum Knabbern

soloni ogirky – Salzgurken

taranjka – gesalzener Trockenfisch, populärer Biersnack

watruschky – süße Quarkküchlein

zharkoye – Fleischtopf mit Kartoffeln und Pilzen, mit Käse überbacken

GETRÄNKE

horilka – „der Brennende" – ukrainischer Wodka, oft mit Chili oder Honig aromatisiert

kefir – Dickmilch

kompot – Trinkkompott aus frischen Früchten und Beeren

kwas – malzbierähnlicher Brottrunk. Der Durstlöscher wird im Sommer aus kleinen Tankwagen verkauft

mors – säuerlicher Moosbeerentrunk

rjazanka – geräucherter Kefir

samohon – selbst gebrannter Wodka

uswar – Trinkkompott aus Trockenfrüchten

Zu den *sakuski* trinkt man übrigens, was man möchte. Entgegen anderslautenden Klischees wird niemand zum Wodka gezwungen. Meist stehen auch Wein und Bier, Saft und Wasser auf dem Tisch. Aber wenn Wodka getrunken wird, gilt die eiserne Regel, dass vor jedem Schluck ein Trinkspruch gesprochen werden muss.

Wer nicht aufpasst, wird schon von den *sakuski* satt und hat keinen Platz mehr für die folgenden Gänge. Und die Hauptgerichte, meist Fleisch oder Fisch mit Beilagen *(garnir),* die man separat bestellt, haben es in sich!

Zum Dessert werden gefüllte Pfannkuchen *(mlynzi)* mit Kirschen, fette Cremetorten, Eis oder Früchte aufgefahren. Tee oder Kaffee – nicht Wodka – bildet den Abschluss eines Essens. Die Ukraine ist ein Land der Teetrinker. Meist stehen mehrere Sorten Grün- und Schwarztee zur Auswahl, während einem selbst in besseren Hotels häufig noch Instantkaffee vorgesetzt wird. Kaffeepuristen gehen in eines der Coffeehouses, die überall aus dem Boden sprießen. Dort sind italienische Kaffeemaschinen im Einsatz und Espresso und Caffè Latte teurer, aber garantiert echt.

In der Ukraine können Sie sehr günstig und sehr teuer essen gehen. Einfachere Kneipen, die auch Essen servieren, heißen *kafe.* Gehobener speist man im *restoran.* Mittags wird oft ein preiswerter *bisness lanch* angeboten. Weit verbreitet ist die Unsitte, Flachbildschirme in den Gasträumen aufzuhängen, über die Fashion-TV oder Sportübertragungen flimmern. Generell gilt: je edler die Ausstattung, je vornehmer das Ambiente, desto höher die Rechnung. Zu allen Gerichten werden Mengenangaben gemacht (in Gramm). Wein ist oft das teuerste Getränk. Die einheimischen Biermarken, z.B. *Tschernihiwskoe, Lwiwskoe* oder *Slawutych,*

Die eigenen Felder liefern Obst und Gemüse

gibt es vom Fass, Importbier aus der Flasche. Eine wachsende Mittelschicht geht auswärts essen. Für viele Ukrainer bleiben Restaurantbesuche teurer Luxus. Das mag erklären, warum in so vielen Lokalen Livemusik geboten wird. Wer nur ein oder zweimal im Jahr essen geht, will das auskosten. Sollte es dabei etwas lauter und wilder werden, feiern Sie einfach mit – Sie könnten einen unvergesslichen Abend verpassen!

KRIMSEKT, COGNAC UND KONFETY

Auf Märkten finden Sie die besten Souvenirs: Probieren ist erlaubt un Feilschen Pflicht

> Haben Sie Lust auf eine Zeitreise? Dann treten Sie ein, wenn Sie das Schild *gastronom* sehen: In dieser aussterbenden Sorte Lebensmittelladen verschanzen sich wie zu Sowjetzeiten mürrische Verkäuferinnen hinter Theken und Vitrinen. Auch in den Zentralkaufhäusern *(univermag)* wird Selbstbedienung erst zaghaft ausprobiert. Verhängte Fenster, versteckte Eingänge: Selbst für erfahrene Shopper ist es manchmal gar nicht so leicht, Geschäfte zu erkennen. Und außerdem kaufen die Ukrainer gerne unter der Erde: Jeder Fußgängertunnel ist mit Kiosken und fliegenden Händlern vollgestopft, wo Sie von der Uhrenbatterie bis zum Blumenstrauß so ziemlich alles bekommen. Den höchsten Erlebnisfaktor aber bieten die Märkte: Autobatterien und Hundewelpen finden hier ebenso Käufer wie Brautkleider oder die neuesten Hollywoodstreifen. Da liegen Zöpfe aus roten Krimzwiebeln neben blutigen Schweinsköpfen, dicke Blöcke aus Quark und Butter neben zehn Sorten Weintrauben. Probieren ist erlaubt und Feilschen Pflicht, wo Preisschilder fehlen. Die Ukrainer lieben Schnäppchen – und fahren dafür notfalls stundenlang hin und her. Für Ihre Mitbringsel brauchen Sie das nicht zu tun.

GESTICKTES

Ukrainer lieben bestickte Leinenhemden und Blusen – nicht nur zur Hochzeit, bei der Taufe oder anderen Familienfeiern. Die Motive wie Schneeballblüten, Eiche, Trauben und Mohnblumen stammen aus vorchristlicher Zeit. Sehr dekorativ sind auch *ruschnyky,* bestickte Schals, mit denen die Ikonen geschmückt werden. Sie dürfen die Tücher daheim als Tischläufer zweckentfremden.

HOCHPROZENTIGES

Beim Wodka reicht das Angebot von protzig aufgemachten Edelmarken bis zum Selbstgebrannten. Die Marktführer heißen *Hortiza, Medoff* und *Nemiroff.* Neben reinem Wodka gibt es unzählige aromatisierte Varianten: mit Chili und Honig, Cranberry oder Birkensaft. Or-

> EINKAUFEN

dentlichen Cognac produzieren *Koktebel (S. 102)* und *Schustow* (Odessa).

KUNSTVOLLES

Die schönsten Ostereier *(pysanky)* stammen aus der Westukraine. Filigrane Linien werden mit heißem Wachs vorgezeichnet und nach dem Färben abgekratzt. Fast überall zu finden sind Schnitzereien wie Löffel, Kämme, Pfeifen oder Schüsseln sowie *petrikiwka* – ukrainische Holzlackmalerei mit Feder-, Blätter- oder Blütenmustern. Die echten Stücke sind ihren hohen Preis wert. Die *bulawa,* die zeremonielle Kosakenkeule, ist wohl eher etwas für Karneval.

PRICKELNDES

Ukrainischen Wein können Sie links liegen lassen. Bis auf wenige Überraschungen schmecken die hier produzierten Tropfen verwöhnten westlichen Gaumen nicht. Lobenswerte Ausnahme: trockener Krimsekt. Empfehlenswert sind die „Brut"-Qualitäten von *Solotaja Balka* (schwarzes Etikett) und von *Nowyj Swet* (silbernes Etikett), s. S. 102, sowie der trockene Rotsekt von *Artjomskoje*.

SÜSSES

Zwei Millionen Ukrainer züchten Bienen. Ob würziger Buchweizenhonig oder duftige Maitracht von Klee oder Akazien: Sie dürfen kosten. Lebkuchen werden das ganze Jahr hindurch gegessen. Mit Holzmodeln werden die *prijaniki* (*prijanosti* = Gewürze) in Herz- oder Heiligenform gebracht und mit Zuckerguss glasiert. Mischa der Bär, Gulliver oder Rotkäppchen schmücken die *konfety,* einzeln farbenfroh verpackte Schokowaffeln. Das hübsche Retro-Naschwerk wird lose nach Gewicht verkauft.

WÄRMENDES

Im Winter gibt's was auf die Ohren: eine echte Fellmütze (*uschanka*; *uschy* = Ohren) aus Hase, Fuchs oder Nerz. Auf Märkten wird Ihnen oft billiges China-Imitat angedreht, gehen Sie lieber in ein Kaufhaus oder ins Pelzfachgeschäft. Beachten Sie die Artenschutzbestimmungen!

> KUPPELN, KASTANIEN UND KAPITALISMUS AM DNJEPR

Die Hauptstadt der Ukraine ist eine atemberaubende Metropole in Gold und Grün

> Kiew brodelt, aber schon kurz vor den Toren der Stadt folgt das Leben einem gemächlicheren Takt.

In der flachen Landschaft verteilen sich ausgedehnte, überraschend grüne Datscha-Gebiete mit versteckten Badeseen. Auf der Desna paddeln Freizeitkapitäne um die Wette. Nördlich von Kiew weitet sich der Dnjepr zu einem gewaltigen Stausee, dem Kiewer Meer. Die Landschaftsparks von Bila Zerkwa und Uman liegen einen Tagesausflug entfernt. Auch historisch Interessierte kommen rund um die Hauptstadt auf ihre Kosten: Tschernihiw in der nördlichen Zentralukraine punktet mit uralten Kirchen und Klöstern. Perejaslaw-Chmelnyzky war schon zu Zeiten der Kiewer Rus eine sehr vitale Stadt und hat viel sehenswerte Substanz bewahrt. Und auch die jüngste Geschichte ist präsent: In eineinhalb Stunden erreichen Sie die Tschernobyl-Sperrzone.

Bild: Kirchen der Unteren Lawra und Blick über den Dnjepr in Kiew

KIEW UND UMGEBUNG

KIEW

 KARTE IN DER HINTEREN UMSCHLAGKLAPPE

[126 C3] **Von der Aussichtsplattform der Siegesstatue „Mutter Heimat“ liegt Kiew Ihnen zu Füßen: goldene Kuppeln, der glitzernde Dnjepr mit seinen Inseln und Stränden.** Tief unter Ihnen rumpelt die U-Bahn über den breiten Strom: Bis zum Horizont reichen die Wohntürme der Trabantenstädte. Die Hauptstadt (3 Mio. Ew.) lebt im Turbokapitalismus. Frühmorgens rollen die Tankwagen über die Trottoirs und spülen das Pflaster blank. Ein paar Stunden später jagen hier so viele Porsches, Hummer und Touaregs entlang, wie kaum sonstwo in Europa. Dann bricht ein Verkehrsinferno los, das alle Adern verstopft. Doch von oben sieht Kiew friedlich aus – und grün. Die Inseln, zwei botanische Gärten, viele kleine Grünanlagen und die zahllosen

Kastanien machen die Hauptstadt so lebenswert. Trotz seiner Größe wirkt Kiew erstaunlich kompakt: Auch das Gleiten Sie auf endlosen Rolltreppen bis zur tiefstgelegenen U-Bahn-Station der Welt, *Arsenalna* (100 m).

Bummelmeile mit Gefälle: Der Andreassteig führt hinab ins Podil-Viertel

wichtigste Heiligtum ist nicht weit vom Zentrum entfernt: das fast 1000 Jahre alte Höhlenkloster.

Laut Nestorchronik (der ältesten erhaltenen ostslawischen Chronik) gründeten die Brüder Kij, Schtschek, Choriw und ihre Schwester Lybid *Kyiv* im 6. Jh. „Mutter aller russischen Städte" nennen sie die Slawen zärtlich.

Die Stadt ist auf Hügeln gebaut. Laufen Sie bergauf und bergab und wundern Sie sich über das Nebeneinander von gläsernen Wolkenkratzern und Altbauten aus der Zarenzeit. Vergleichen Sie Stalins Marmorpaläste mit Chruschtschows Plattenbauten. Vieles ist erhalten, aber längst noch nicht alles saniert und durchgestylt.

SEHENSWERTES

ANDREASKIRCHE (ANDRIJIWSKA ZERKWA) [U C2]

Am Wochenende drängen sich die Brautpaare in Kiews perfektestem Barockkirchlein. Der Italiener Bartolomeo Francesco Rastrelli schuf die elegante Silhouette mit den fünf türkisfarbenen Kuppeln 1754 für die Tochter des Zaren Peters des Großen.

Den schönen Blick auf das Podil-Viertel und den Dnjepr mochte schon Dichter Nikolai Gogol. *Andrijiwskyj uswis 1 | Metro: Soloti Worota*

ANDREASSTEIG (ANDRIJIWSKYJ USWIS) ★ [U C2]

Steil windet sich der *Andrijiwskyj uswis* hinab zum alten Handelsquartier *Podil:* buckliges Kopfsteinpflaster, windschiefe Häuser mit Galerien, Cafés und Antiquariaten. Kunstgewerbe, Kitsch und Krempel. Auf halber Höhe *Bilderflohmarkt.* Am *Schloss Richard Löwenherz (Nr. 15)* führt eine Treppe zu einem *Aussichtspunkt.* Das *Bulgakow-Museum (Nr. 13)* ist im Geburtshaus des Schriftstellers eingerichtet *(Mo 12–18, Di u. Do–So 10–18 Uhr, Führungen).* Neben dem Museum verkauft eine Frau lustige selbst genähte Stofftiere. Die Geschichte des Andreassteigs wird im *Museum einer Straße (Nr. 2b)* illustriert *(Di–So 12–18 Uhr). Metro: Soloti Worota*

BABYN JAR [O]

Am 29. und 30. Sept. 1941 trieben die deutschen Besatzer die Kiewer Juden am Rand der Weiberschlucht (Babyn Jar) zusammen und erschossen 33 771 Männer, Frauen und Kinder. An die Opfer erinnert seit 1991 ein siebenarmiger Leuchter. Die Gedenkstätte liegt auf einer Anhöhe. Gehen Sie von der Metrostation Dorogoshytschi am Denkmal für die ermordeten Kinder vorbei bergan.

BOGEN DER VÖLKERFREUNDSCHAFT (RADUGA) [U D2]

Den *Europäischen Platz* dominiert das tortenförmige frühere Leninmuseum *Ukrainisches Haus.* Neben der gelben Philharmonie führen Stufen zum Regenbogen aus Edelstahl. Die beiden monumentalen Arbeiter unter dem Halbrund stehen für die russisch-ukrainische Freundschaft. Die roten Steinfiguren daneben stellen Kosaken dar, die sich 1654 unter den Schutz Russlands begaben – Abends wird sie zum Freiluftlaufsteg für Kiews Schönheiten (Seite 36)

MARCO POLO HIGHLIGHTS

★ Andreassteig
Kopfsteinpflaster, Kitsch und geheimnisvolle Gemäuer (Seite 33)

★ Hidropark
Mit der U-Bahn zum Sonnenbad am Dnjepr (Seite 34)

★ Höhlenkloster
Orthodoxe Mystik: Steigen Sie hinab zu den Heiligen (Seite 34)

★ Kreschtschatyk
Die Prachtstraße säumen pompöse Stalinbauten und schattige Kastanien.

★ Mutter Heimat
Grandiose Lady mit grandiosem Ausblick (Seite 37)

★ Pinchuk Art Centre
Milliardär zeigt Kunstgeschmack (Seite 37)

★ Sophienkathedrale
Kiews älteste Kirche ist ein Unesco-Schatz, gelegen im Herzen der Stadt (Seite 38)

Beginn der fast 350-jährigen Dominanz. Schöne Aussicht auf Podil, den Fluss und das *Denkmal für den Fürsten Wolodymyr,* der 988 das Christentum einführte. *Jewropejska pl. | Metro: Majdan*

CHIMÄRENHAUS (DOM CHIMER) [U C3]

An der Fassade tummeln sich Fabelwesen und Monster, Elefanten trompeten neben Waldelfen. Eine Wette bescherte Kiew das ungewöhnliche Jugendstilhaus von 1903. Der Architekt wollte an dem steilen Abhang seine Fähigkeiten beweisen. Gegenüber hat der ukrainische Präsident seinen *Amtssitz*. Um die Ecke, in der *wul. Luteranska 22,* befindet sich die deutsche evangelisch-lutherische *Kirche St. Katharina*. Sie wurde der Gemeinde 1998 zurückgegeben. *Wul. Bankowa 12 | Metro: Kreschtschatyk*

DNJEPR-INSELN [U D–F 1–4]

Zwei Inseln im Dnjepr, wie sie unterschiedlicher kaum sein könnten: ★ *Hidropark* – ein endloser Spielplatz mit Bungeejumping, Kettenkarussells, Rentnertanz und öffentlichen Stränden. Kiews härteste Eisenmänner trainieren an Insider Tipp selbst gebauten Fitnessgeräten. Vom Metroausgang gehen Sie nach rechts über die Brücke und folgen dem Kettenrasseln. Das beste Schaschlik auf der Insel serviert ▸▸ *Jungle Cat (Otscherjadni Kit) | von der Metro nach links, am Strand gegenüber dem Glockenturm der Lawra | Metro: Hidropark | €–€€).* Auf der stilleren *Truchaniw-Insel* wechseln sich Wälder, Seen und Wiesen ab mit Badestränden und improvisierten Cafés. Kiews beste Jogging- und Spazierstrecke! Eine Fußgängerbrücke führt hinüber. *Metro: Poschtowa ploschtscha*

DNJEPR-RUNDFAHRTEN (KRUIS NA DNJEPR)

Die Boote starten beim Flusshafen [U C2] und drehen eine große Runde unter den Brücken *(60 Min. ca. 3 Euro)*. Erwarten Sie keine Erläuterungen, dafür wird schnell ausgelassen getanzt. Längere Touren (3,5 Std.) zum Stausee *Kijewske more* (Kiewer Meer). *Mai–Sept. tgl. 10–23 Uhr | Poschtowa pl. 3 | Metro: Poschtowa ploschtscha*

FREILICHTMUSEUM PYROHOWO [0]

Das ganze Land in einem Park: Holzkirchen und Bauernhäuser, Handwerk und Brauchtum, Schaschlikstände und Picknickplätze. *Tgl. 10–18 Uhr, letzter Eintritt 17 Uhr | 10 UAH | Metro Lybidska, dann Bus 172 oder 156 bis zur Endstation*

GOLDENES TOR (SOLOTI WOROTA) [U C3]

Als Vorbild diente das goldene Tor von Konstantinopel. Im Innern sind Originalruinen der Stadtbefestigung aus dem 11. Jh. zu sehen. Rundherum nette Cafés und Restaurants. *Solotoworitska 8 | Metro: Soloti Worota*

HÖHLENKLOSTER (PETSCHERSKA LAWRA) ★ [U E4]

Die Mönche Antonius und Feodosij gründeten die Kiewer *Petscherska Lawra* 1051. Sie richteten Gebetszellen in Höhlen *(petschery)* am Dnjepr ein. 900 Jahre lang wurde die Anlage erweitert und umfasst inzwischen 28 ha. Das Kloster gehört zum Unesco-Weltkulturerbe. Den Titel Lawra tragen die sechs einflussreichsten Klöster der Orthodoxie. Der Haupteingang zur *Oberen Lawra* führt unter der barocken Dreifaltigkeits-Torkirche hindurch. Sie bezaubert mit anrührend-naiven Fresken (Aufgang hinter Torbogen links). Den Weg zur Hauptkathedrale flankieren die einstöckigen Wohnzellen der Mönche. Heute sind dort *Museen* für Ikonenmalerei und liturgische Gegenstände untergebracht. Auch eine Sammlung von seltenem Skythengold ist zu sehen *(Mo geschl.)*. Der Hamburger Johann Gottfried Schädel baute den 96 m hohen ✲ Glockenturm 1731–44 im ukrainischen Barockstil (239 Stufen). Die *Mariä-Entschlafens-Kathedrale* wurde 2000 wiedererrichtet. Sie war während der deutschen Besatzung 1941 gesprengt worden. In der früheren Residenz des Metropoliten zeigt ein *Museum* Volkskunst *(Di geschl.)*. Daneben liegt das Refektorium mit herrlichen Jugendstilfresken und der pseudobyzantinischen Kirche (1893–95). Über die abwärts führende Gasse verlässt man die Obere Lawra. Beim schwarzen Kreuz geht es hinab zur *Unteren Lawra*. In den zwei Grabhöhlenkomplexen, den *Nahen* und *Fernen Höhlen*, sind 122 orthodoxe Heilige bestattet. Ihre Leiber blieben auf wundersame Weise konserviert. Gläubige strömen in die engen, stickigen Gewölbe, beten und küssen die Reliquien, die in Glassärgen

Goldkuppeln der Mariä-Entschlafens-Kathedrale in der Oberen Lawra

ruhen. Der Eintritt ist frei. Sie sollten eine Kerze kaufen und Frauen ein Kopftuch tragen. Eine hölzerne Galerie führt zu den Fernen Höhlen. *Tgl. 9–18 Uhr, Zugang zu den Höhlen bis 15.30 Uhr | Obere Lawra 30 UAH, Eintritt Untere Lawra frei, Museen, Turmbesteigung und Fotoerlaubnis kosten extra | Führer vor dem Eingang oder Tel. 044/2903071 (2 Std. ca. 17,50 UAH) | wul. I. Masepy 21 | Metro: Arsenalna*

HOLODOMOR-GEDENKSTÄTTE (SWETSCHA HOLODOMORA) [U E4]

Die riesige, von Kreuzen umstandene Kerze nahe dem Höhlenkloster erinnert an die Hungertoten, die die Ukraine 1932–33 zu beklagen hatte. Präsident Juschtschenko eröffnete das Mahnmal 2008. Etwas weiter stehen Obelisk und ewige Flamme für das Gedenken an die Helden des Zweiten Weltkriegs. *Park Slavy| wul. I. Masepy | Metro: Arsenalna*

MAJDAN UND KRESCHTSCHATYK [U C3]

Der *Majdan Nesaleshnosti* war Bühne für die Orangene Revolution. Auf dem Unabhängigkeitsplatz demonstrierten die Ukrainer 2004 freie Wahlen herbei. Heute kurven Skater übers Pflaster. An den Brunnenrändern sitzen Hauptstädter bei Bier und Trockenfisch aus der Tüte. Von einem *Triumphbogen* blickt Kiews Schutzpatron, der Erzengel Michael. Auf der 38 m hohen *Marmorsäule,* die als Monument der Unabhängigkeit errichtet wurde, präsentiert eine Ruhmesfigur einen goldenen Zweig. Die realsozialistische Prachtstraße ★ *Kreschtschatyk* teilt den Platz in zwei Hälften. Abends verwandelt sich der Boulevard in den längsten Laufsteg für Kiews Schönheiten. Am Wochenende sperrt die Polizei die Straße. Dann erobern Breakdancer, Rockbands und Feuerspucker den Asphalt. *Metro: Majdan*

MICHAELSKLOSTER (MICHAILIWSKIJ MONASTYR) [U C2]

Das himmelblaue Kloster wurde 2001 wiedererrichtet. 1937 hatte Stalin es sprengen lassen. Er brauchte Platz für sozialistische Prachtbauten im Stil des benachbarten *Außenministeriums* mit dem Säulenportal. Der vergoldete Erzengel Michael über dem Eingang der Kathedrale ist eine Kopie. Das Original hängt im *Museum (Di–So 10–18 Uhr)*, in dem viele Erklärungen englisch gehalten sind. Vor dem Kloster erinnert ein *Steinkreuz* mit der Silhouette eines Verhungernden an

die Millionen Opfer der Hungersnot 1932–33. *Metro: Soloti Worota o. Majdan.* Hinter dem Kloster fährt die *Standseilbahn Funikuljor* hinunter zum Flusshafen in Podil.

MUTTER HEIMAT (RODINA MAT) ★ [U E5]

Kinder klettern auf Raketenwerfern und Panzern herum. Junge Paare küssen sich zwischen den stählernen Reliefs der Kriegshelden. Über ihren Köpfen reckt eine eiserne Dame Schwert und Schild in den Himmel. Rodina Mat (68 m ohne Sockel) feiert den Sieg über die Faschisten. „Breshnews Tochter", sagen die Kiewer, weil der Sowjetführer die Statue in Auftrag gab. Im Sockel erinnert ein *Museum* an den Zweiten Weltkrieg. Ein Lift fährt zur *Aussichtsplattform* zu Füßen der Figur. *Di–So 10–16 Uhr | wul. I. Masepy 44 | Metro: Arsenalna*

NATIONALMUSEUM FÜR UKRAINISCHE KUNST (NAZIONALNIJ MUSEJ UKRAINSKOHO ISKUSSTWA) [U D3]

Wogende Weizenfelder, Wälder und immer wieder der Dnjepr. In 21 Sälen bekommen Sie einen guten Überblick: von mittelalterlichen Ikonen bis zu Grafik aus Revolutionszeiten. *Di–Do, Sa u. So 10–18, Mo u. Fr 11–19 Uhr | wul. Hrushewskoho 6 | Metro: Majdan*

PINCHUK ART CENTRE ★ [U C3]

Fotografien von Andreas Gursky und Schockinstallationen von Damien Hirst. Milliardär und Kunstsammler Viktor Pintschuk zeigt auf 4000 m² Fläche Teile seiner hochkarätigen Kollektion. Häufig Sonderausstellun-

Viel Platz zum Sehen und Gesehenwerden: der Unabhängigkeitsplatz Majdan

Insider Tipp gen. Die weiße *Skybar* unterm Dach ist der coolste Ort für einen Espresso oder Aperitif. *Di–So 12–21 Uhr | Eintritt frei | Arena-Center | Bessarabska pl. 2 | http://pinchukartcentre.org | Metro: Lwa Tolstogo*

PODIL [U B–C1]

Das frühere Handelsquartier zieht Kreative und Alternative an. Bummeln Sie vom Poschtowa pl. durch die Hauptstraße wul. Sahajidatschnoho zum Kontraktowa pl. Im weißen Handelshof mit den Arkaden fanden Messen statt. Am Denkmal des Humanisten Hryhorij Skoworoda sitzen die Studenten der gegenüberliegenden Mohyla-Akademie (gegr. 1701). Bis zum Zweiten Weltkrieg lebten in Podil viele Juden. Werfen Sie einen Blick in die *Synagoge* im maurischen Stil von 1895 in der *wul. Schtschekawytska 29*. In der *wul. Prytysko Mykilska 7* gründete 1728 ein Deutscher die Insider Tipp erste private Apotheke Kiews. Das kleine *Museum* verkauft duftende Seifen *(Mo–Sa 10–16 Uhr)*. Auch die *Markthalle* mit dem schiefen Dach *(wul. Chorywa)* lohnt einen Abstecher. Entspannen Sie bei 35 Sorten Kaffee im *Kaffa (wul. Hryhorija Skoworody 5)*. *Metro: Poschtowa ploschtscha*

SOPHIENKATHEDRALE (SOFIJSKA) ★ [U C2]

Großfürst Jaroslaw der Weise ließ die Kirche mit den 13 goldenen Kuppeln in der ersten Hälfte des 11. Jhs. nach dem Muster der Hagia Sofia in Konstantinopel erbauen. Er war ein Sohn Wolodymyrs, der die Kiewer Rus zum Christentum führte. In der Kathedrale mit den byzantinischen Mosaiken und Fresken wurden die altrussischen Fürsten gekrönt und Verträge besiegelt. Als geistiges Zentrum der Rus blieb sie von Stalins Zerstörungen verschont. Jaroslaw ruht in der nördlichen Kapelle. Verpassen Sie nicht die Aussicht vom *Glockenturm* (1752)! *Mi 10–17, Fr–Di 10–18 Uhr | wul. Wolodymyrska 24 | www.nzsk.org.ua | Metro: Soloti Worota*

STADTRUNDGÄNGE

Stalins Tunnel unterm Dnjepr, versteckte Hinterhöfe oder jüdisches Leben – *Interesniy Kyiv* bietet auch Touren auf Deutsch. *Tel. 044/491 11 76 | www.interesniy.kiev.ua*

TARAS-SCHEWTSCHENKO-UNIVERSITÄT UND -PARK [U B–C 3–4]

Mit mehr als 20 000 Studenten die wichtigste Universität (gegr. 1834). Im Park vor dem Hauptgebäude steht das Denkmal des Namensgebers. Das ukrainische Restaurant *O'Panas (€€)* und Spielplätze ziehen Familien an. In einer Parkecke treffen sich Rentner zu Schach und Domino. Am anderen Ende liegt das *Schewtschenko-Museum* mit Bildern und Schriften des Genies *(Di–So 10–17 Uhr | bul. T. Schewtschenka 12)*. Ein paar Meter weiter zeigt das *Museum für Russische Kunst* in einem großbürgerlichen Stadtpalais Meisterwerke von Michail A. Wrubel und Boris K. Schischkin *(Sa–Mo 10–17, Di 11–18, Fr 12–19 Uhr | wul. Tereschtchenkiwska 9 | www.museumru.kiev.ua | Metro: Lwa Tolstogo/Teatralna)*

TSCHERNOBYL-MUSEUM [U C1]

Straßenschilder verschwundener Orte führen in die Ausstellung, die das

Schicksal der Aufräumhelfer und Umgesiedelten in den Mittelpunkt stellt. Schutzanzüge, Gruselpräparate und Tausende Fotos erzeugen eine düstere Atmosphäre. *Führungen auf Deutsch nach Vorbestellung | Mo–Fr 10–18, Sa 10–17 Uhr | prow. Khorivoy 1 | Tel. 044/417 54 27 | Metro: Kontraktowa ploschtscha*

WOLODYMYR-KATHEDRALE (WOLODYMYRSKIJ SOBOR) [U B3]

Die Lieblingskirche der Kiewer, erbaut 1862–82, ist Sitz des ukrainisch-orthodoxen Patriarchen. Die herrlichen Mosaiken und Wandmalereien stammen von Viktor M. Wasnetsow („Die Taufe der Rus“), Michail W. Nesterow und Wrubel. Gläubige beten am Sarkophag der heiligen Barbara, der Schutzheiligen der Bergleute. Samstags um 17, sonntags um 10 Uhr wunderschöne Chorgesänge. *Bul. T. Schewtschenka 20 | Metro: Universitet*

ESSEN & TRINKEN

7 PJATNIZ [U B3]

Helles Souterrain-Restaurant. Ukrainische Klassiker modern interpretiert. Gute Salate, Lunchmenü, feine Teeauswahl. *Wul. B. Chmelnyzkoho 29/2 | Tel. 044/278 11 87 | €€*

ANI [U C4]

Über den Hinterhof, die Treppe hinauf und in den Fahrstuhl: Der verschlungene Weg zu den armenischen Spezialitäten lohnt sich. Aus der offenen Küche kommen *hachapuri* (Käsepizza) und *khorovatz* (Grillfleisch mit frischen Kräutern). Armenischer Cognac besänftigt den Magen. Oft Livemusik. *Wul. Krasnoarmeijskaja 72 | Tel. 044/590 25 65 | €€€*

49 m hoch: die Wolodymyr-Kathedrale

ANTRESOL [U B3]
Alternatives Literaturcafé. Kleine Speisekarte. Abends Livemusik oder DJs. *Bul. T. Schewtschenka 2 | Tel. 044/235 83 47* | €

Insider Tipp **BARABAN** ▶▶ [U C3]
Die „Trommel" liegt versteckt im Hinterhof (Gittertor): Links die Treppe hinab geht es in die gemütliche Kneipenbar, die bei Politikern, Journalisten und Studenten ankommt. Burger, Sandwiches und Ukrainisches. *Wul. Prorisna 4a | Tel. 044/279 23 55* | €

> LOW BUDGET

- > *Domaschnia Kuchnia:* Die Kantinenkette macht jeden günstig satt. Z. B. *wul. B. Chemelnyzkoho 16–22, wul. Kostjantinovska 2a, Pr. Peremohy 31.* Konkurrent *Pusata Chata* ist genauso gut. *Wul. Basejna 1 und wul. Sahajdatschnoho 24*
- > *Dynamo Kiew:* Der Traditionsclub war 13 Mal Sowjetmeister. Die Ligaspiele der Weiß-Blauen kosten nur ein paar Euro Eintritt. *Vorverkauf vor dem Stadion | wul. Hruschewskoho 3 | Spielplan: fcdynamo.kiev.ua/en*
- > *Jugendherbergen: Hostel Kiev (60 Betten für Backpacker, 2er- u. 4er-Zi., | Übern. ab 125 UAH | wul. Artema 52a, Korpus 2, 8. Etage | Tel. 044/ 331 02 60 | Metro: Lukjaniwska)* und *Hostel Jaroslaw (10 Betten | ab 100 UAH | wul. Yaroslawska | Tel. 044/ 417 31 89 | Metro: Kontraktowa ploschtscha). www.hihostels.com.ua*
- > *Perepitschka:* Das Bockwürstchen in der frittierten Teighülle zieht schon Jahrzehnte die Massen an. *B. Chmelnyzkoho 3 | Metro: Teatralna*

CONCORD [U C4]
Auf der Terrasse im 8. Stock eines Businesscenters genießen Sie französisch inspirierte Fusionküche und den Blick über die Dächer des Zentrums. *Wul. Puschkinskaja 42/4 | Tel. 044/ 234 77 88* | €€€

OSTERIA PANTAGRUEL [U C3]
Der sizilianische Chef serviert hausgemachte Pasta. Daneben stehen saisonale Fisch- und Fleischgerichte auf der Karte. Terrasse am Goldenen Tor. *Wul. Lysenko 1 | Tel. 044/278 81 42 | Metro: Soloti Worota* | €€€

PERVAK [U C4]
Laut und lebendig, ausgestattet mit Retro-Interieur. Geboten werden ukrainische Spezialitäten, auch Frühstück. *Wul. Rognedinska 2 | Tel. 044/235 09 52 | www.pervak.kiev.ua* | €€–€€€

EINKAUFEN

LUDMILA BEREZNITSKY [U C2] Insider Tipp
Die Kunsthistorikerin mit zweiter Galerie in Berlin präsentiert ausschließlich ukrainische Künstler. Unter ihnen ist Ilya Chichkan, der mit seinen menschlichen Affen das Ende der großen Ideologien bebildert. *Di–Sa 12–19 Uhr | Andrijjwskyj uswis 2b | www.bereznitsky-gallery.com*

JA ▶▶ [0]
Frischer Wind aus Podil: junge, ukrainische Kunst, kuratiert von einem Team um den Musiker und Architekten Pawlo Gudimow. *Tgl. 10–20 Uhr | wul. Woloska 55–57 | www.yagallery.com.ua | Metro: Tarasa Schewtschenka*

MODE, MALLS UND MÄRKTE

Shopping mit sowjetischem Touch im Zentralkaufhaus *ZUM* von 1936 *(wul. B. Chmelnyzkoho 2 | Metro: Kreschtschatyk* | [U C3]*)*. An beiden Enden des Kreschtschatyk unterirdische Malls mit Boutiquen, Cafés und Fastfood. Das 2002 runderneuerte Sowjetkaufhaus *Ukraina (tgl. 10–21 Uhr | pl. Peremohy 3 | Metro: Universitet |* [U A3]*)* bietet Shopping und Entertainment auf fünf Etagen: Fastfood-Restaurants, Kino und Disko. Praktisch: der große Supermarkt im Untergeschoss, der Eingang liegt seitlich. Im *Alta Center (Moskowsky pr. 11A | Metro: Petriwka |* [0]*)* ukrainische Designer, u.a. Andre Tan, Alexander Gapchuk, Tatjana Doroshkina, Lilia Pustowit. Gleich gegenüber: Kiews größter Markt für CDs, DVDs, Bücher und Computerspiele. Preise verhandelbar. In der *Bessarabski-Markthalle* finden Sie kulinarische Mitbringsel wie geröstete Aprikosenkerne bei den usbekischen Gewürzhändlern. Unbedingt handeln! Im Fabrikladen der Firma *Roschen* im Außenring der Halle süße Spezialitäten wie Kiewer Torte, Bitterschokolade und Pralinen *(Bessarabska pl. | Metro: Teatralna oder Kreschtschatyk* | [U C3]*)*. Volkstümlicher und preiswerter ist der *Markt an der Metro Lukjaniwska (Di–So |* [U A1]*)*.

Zum Naschen, Knabbern, Würzen: das Angebot in der Bessarabski-Markthalle

ÜBERNACHTEN

APARTMENTS

Insider Tipp

Rund 500 Wohnungsangebote unter *www.kievrent.net.* 800 Apartments vermietet *Olga Apartment | Mychajliwskyj prow. 7, Büro 30 | Tel. 044/204 80 90 | http://apartment-kiev.com.* Satelliten-TV und Klimaanlage sind Standard, manche Wohnungen mit Internet und Sauna. €–€€

EXPRESS [U B3]
Zentral gelegener, teilweise renovierter Sowjetturm, sauber und zweckmäßig. 143 Zimmer, die einfachsten mit Dusche auf dem Gang. Restaurant im 16. Stock. *Bul. T. Schewtschenka 38/40 | Tel. 044/34 21 13 | www.expresskiev.com.ua* | €

HYATT REGENCY [U C2]
Luxus, modern und stilvoll. 234 Zimmer und Suiten. Edles Spa; Steaks und Seafood im Asia Grill *(€€€). Wul. A. Tarasowa 5 | Tel. 044/581 12 34 | http://kiev.regency.hyatt.com* | €€€

OPERA [U B3]
Das Luxus-Boutiquehotel mit 137 Zimmern gehört dem schwerreichen Ukrainer Rinat Achmetow. Im mediterranen *Restaurant Teatro* werktags günstiger Lunch. *Wul. B. Chmelnyzkoho 53 | Tel. 044/581 70 70 | www.opera-hotel.com* | €€€

PRESIDENT [U C4]
1990 errichteter Plattenbau mit 338 Zimmern. 15 Min. zum Kreschtschatyk. Restaurant, Bar, Wellness. *Jaroslawiw Wal 22 | Tel. 044/492 22 00 | www.president-hotel.com.ua* | €€

UKRAINA [U C3]
Das frühere Hotel Moskau thront imposant oberhalb des Majdan. Die 370 Zimmer sind modernisiert. *Wul. Institutska 4 | Tel. 044/279 03 47 | www.ukraine-hotel.kiev.ua* | €–€€

> BLOGS & PODCASTS

Gute Tagebücher und Files im Internet

- > ***blog.kievukraine.info*** – aktuelle englischsprachige News aus Politik, Wirtschaft und Gesellschaft.
- > ***christoph-wesemann.de*** – Der freie Journalist bloggt aus Odessa über seine Reisen durchs Land, Korruption und alltäglichen Wahnsinn.
- > ***community.livejournal.com/e40e95*** – Die Ukraine als Roadmovie: Künstlerische Fotosammlung, die zum Weiterklicken animiert.
- > ***foxpod.wordpress.com*** – Kurioses und Alltägliches von Andreas Heller aus Kiew.
- > ***Krusenstern.ch*** – Das Internetmagazin aus der Schweiz berichtet seit 2006 über Medien, Politik, Wirtschaft und Kultur in der Ukraine, Russland, Weißrussland.
- > ***meinkiew.blogspot.com*** – Der Schweizer Finanzanalyst Peter Keller, seit 1996 in Kiew, bloggt über Alltägliches. Auch nützliche Reiseberichte für Ausflüge in die nähere Umgebung.
- > ***openit.com.ua*** – Englischsprachiges Internetportal junger Leute aus Dnipropetrowsk.

Für den Inhalt der Blogs & Podcasts übernimmt die MARCO POLO Redaktion keine Verantwortung.

AM ABEND

CLUBBING

Sehen und gesehen werden lautet die oberste Maxime. High Heels sind Standard, Turnschuhe gehen gar nicht. Stilvolles Aufwärmen in der ▶▶ *Buddha Bar (Kreschtschatyk 14 | www.buddhabar.com.ua |* **[U C3]**) mit Asiaküche und Loungebar. Im luxuriösen ▶▶ *Dekadence House (Shota Rustaveli 16 |* **[U C4]**) feiern die Schönen und Reichen sich selbst. *Arena (wul. Basejna 2a | www.arena-kiev.com |* **[U C4]**) ist der Gigant: Disko, Bierkneipe, Kasino und Sportbar unter einem Dach. Das *Patipa (Musejny prow. 10 | www.patipa.com.ua |* **[U D3]**) gefällt jungem Publikum mit Go-go-Tänzern, Diskokugeln und Glitterkonfetti. Im *Sorry Babuschka (wul. Dmytriwska 18/24 |* **[U A2]**) lässt das erwachsene Partyvolk die 80er- und 90er-Jahre im Sowjetstyle wiederauferstehen. Eine bodenständige Disko befindet sich im *Avalon (wul. Leontovycha 3 | www.avalon.ua |* **[U B3]**), der alternativere *Chlib Klub* in der *wul. Frunse 12* (**[U B1]**). Livemusik und Tanz im *Docker Pub (wul. Bogatyrska 25 | www.docker.com.ua |* **[0]**).

OPER **[U B3]**

Klassisches Repertoire, auch Ballett, mit üppigen Inszenierungen. Musikalisch meist lohnend. *Tickets 15–200 UAH | Kasse tgl. 11–14, 15–19.30 Uhr | wul. Wolodymyrska 50 | Tel. 044/247 23 03 | www.opera.com.ua/index_en.html*

PALATZ UKRAINA **[U C5]**

In dem Betonklotz gastieren Pop- und Folkstars. Raffgardinen und prächtige Treppenhäuser schaffen Retroambiente. *Wul. Welyka Wassylkiwska 103 | http://national-palace-ukraine.com.ua | Metro: Palatz Ukraina*

Startpunkt in lange Nächte: die Buddha Bar

PHILHARMONIE **[U C2]**

Solo- und Orchesterkonzerte, Kammermusik, auch Jazz und Folklore. *Kasse tgl. 10–19 Uhr | Wolodymyrsky uswis 2 | www.filarmonia.com.ua*

ZIELE IN DER UMGEBUNG

BILA ZERKWA **[126 C4]**

Im Landschaftspark *Alexandria* in Bila Zerkwa („Weiße Kirche"), 80 km südlich von Kiew, wandeln Sie durch Kolonnadengänge, lauschen Springbrunnen und Wasserfällen. Graf Branicki ließ seiner Frau 1793 den Garten anlegen *(an Winterwochenenden geschl.)*. Bilder aus Branickis Sammlung zeigt das *Heimatmuseum (wul. Drushby)*. Kleine Speisen und Caffè Latte im *Kawjarnja (am Kreisverkehr Soborna pl.| €)*Bila Zerkwa (200 000 Ew.) liegt eine Autostunde Richtung Odessa. *Busse vom Moskowska ploschtscha*

PEREJASLAW-CHMELNYZKY [127 D4]

Das geschichtsträchtige Provinznest (30 000 Ew.) ist stolz auf seine zwei Dutzend Museen, von denen etwa die Hälfte im großen *Freilichtpark* am Stadtrand liegt *(tgl. 10–17 Uhr | wul. Litopisna 2)*. Neben Bauernhäusern und Kirchen gibt es ein Kosakenfort und eine kleine Gedenkstätte für den jüdischen Schriftsteller Scholem Aleichem, der die Vorlage für den Musicalwelterfolg „Anatevka" schrieb. Im Ortszentrum wurde besonders liebevoll das *Wohnhaus* des Architekten Sabolotnij erhalten, der u. a. das Parlament in Kiew entwarf *(wul. Schewtschenka 7)*. In der *Kirche des Himmelfahrtsklosters* Diorama der Schlacht um den Bukriner Brückenkopf am Dnjepr, bei der die Rote Armee 1943 eine verheerende Niederlage erlitt *(wul. Skoworody)*. Im benachbarten *Kollegium* unterrichtete im 18. Jh. der Universalgelehrte Hrihorij Skoworoda *(wul. Skoworody 52)*. 1654 berief Feldherr Bohdan Chmelnyzky einen großen Rat der ukrainischen Kosaken ein, auf dem die Koalition mit Moskau besiegelt wurde. Ein Denkmal auf dem Zentralplatz erinnert daran. Ukrainische Küche im *Dibrova (wul. Nabereshna/ Ecke wul. Schkilna | €)*, mit Terrasse, oder in der lauschigen *Smerekowa Chata* am See *(Straße nach Dnipropetrowsk | Tel. 04567/326 31 | €)*. Falls Sie übernachten wollen, ist das *Pektoral (12 Zi. | wul. Chmelnyzkoho 55 | Tel. 04567/553 31 | www.pectoral-hotel.com.ua | €)* eine gute Wahl. *90 Min. von Kiew per Bus oder Taxi*

TSCHERNIHIW [127 D2]

Das 130 km nördlich von Kiew gelegene Tschernihiw (300 000 Ew.) ist eine der ältesten Städte des Landes. 907 erstmals erwähnt, liegt sie am hohen Ufer der Desna. Fast alle Highlights finden sich im weitläufigen *Dytinets-Museumspark*. Die *Christi-Verklärungskirche (Spaso Preobrashenski)* von 1030 stammt aus der Zeit, als Tschernihiw Hauptstadt eines mächtigen Fürstentums war. Vom frühen Reichtum zeugt die *Boris-und-Gleb-Kathedrale* aus dem 12. Jh. Gleich nebenan reckt sich der mächtige *Turm* des barocken *Kollegiums* (1701) in den Himmel, eine der ersten weltlichen Schulen des Landes *(Ikonenmuseum;* im Turm: *Museum für Stadtgeschichte)*. Im Süden des Parks leuchten die goldenen Kuppeln der *Katharinenkirche (Volkskunstmuseum)*. Vom *Glockenturm* des *Dreieinigkeitsklosters (Troizki monastyr)* genießen Sie den Ausblick in die Landschaft. Wer Glück hat, kann den Schülern der Kirchenmusikschule beim Spielen des Geläuts lauschen. Durch die Eliaskirche jenseits des Tals gelangt man in den ältesten Teil des Klosters: die *Höhlen*, die der Kiewer Mönch Antonius 1069 grub *(tgl. 9–17 Uhr | wul. Uspenskoho 33)*. Ebenfalls sehenswert: das *Jeletsky-*

Nach dem Reaktorunfall in Tschernobyl besuchen Katastrophentouristen die Geisterstadt Pripjat

Nonnenkloster aus dem 12. Jh. mit den grünen Kuppeln der *Mariä-Entschlafens-Kathedrale*. Übernachten z. B. im *Hotel Pridesnyansky (61 Zi. | wul. Schewtschenka 99 | Tel. 0462/95 48 02 | www.chernigivhotel.com.ua | €)*. Ukrainische Küche im *Koliba (Tel. 0462/66 62 19 | €)* am Flüsschen Strischen, unter der Brücke *Krasni Mist*. Hausgemachte Torten im *Café Abatschur* am Stadtpark *(wul. Preobrashenska 2). Von Kiew 2 Std. mit dem Schnellzug, mit Bussen 3 Std.*

TSCHERNOBYL **[126 C2]**

Verlassene Bauernhöfe, Baggerfriedhöfe und freilaufende Wölfe. Tschernobyl, Schauplatz der Reaktorkatastrophe von 1986, liegt 140 km nördlich von Kiew. Tagesausflüge in die 30-km-Sperrzone mit Besuch des zerstörten Reaktors, der Geisterstadt *Pripjat (http://pripyat.com)* und Mittagessen in der Kraftwerkskantine organisieren *Solo East Travel (Tel. 044/406 35 00 | www.tourchernobyl.com)*, *Myster!ous Kiev (Tel. 044/491 11 76 | www.interesniy.kiev.ua)*, *New Logic (Tel. 044/206 33 22 | www.newlogic.ua)* oder der Jugendherbergsverband *(www.hihostels.com.ua)*. Der Katastrophentourismus hat seinen Preis: in der Gruppe etwa 150 Dollar, alleine rund 500 Dollar.

UMAN **[126 C6]**

Ausflug ins Gartenreich: Der polnische Fürst Stanislaus Potocki ließ 1796 für seine griechische Frau Sophia in Uman (90 000 Ew.) den Landschaftspark *Sofijiwka* anlegen. Haine, Grotten und Wasserfälle, Seen und Fontänen, Orangerie, Obelisken und Skulpturen verteilen sich auf 150 ha. Im Sommer können Sie Boote ausleihen. *Wul. Sadowa | Mai–Mitte Nov. tgl. 9–18 Uhr | dt. Führung mit Anmeldung unter Tel. 04744/322 10 | www.sofiyivka.org.ua*. Übernachten im Park: *Sofijiwka* mit Restaurant *(11 Zi. | wul. Sadowa 53 | Tel. 04744/335 27 | €)*. Oder im *Uman (119 Zi. | wul. Radjanska 7 | Tel. 04744/526 32 | €)*. Essen im Zentrum: *Kadubok Schynok (wul. Radjanska 7 | €€). 20 km südlich von Kiew*

> HOHE GIPFEL, STOLZE BURGEN UND EIN HAUCH VON HABSBURG

Im Westen locken die Karpaten und reizvolle Städte mit verwehten Spuren großer Vergangenheit

> Unberührte Natur und Einsamkeit in einem der letzten Buchenurwälder Europas. Schneebedeckte Zweitausender, wilde Bergbäche und Holzkirchen.
Fernab vom Massentourismus haben sich in den Karpaten reizvolle Dörfer und Kleinstädte erhalten. Wie vor 100 Jahren züchtet der Volksstamm der Huzulen Schafe und bewahrt sein farbenfrohes Kunsthandwerk. Gleichzeitig war der Westen immer Schmelztiegel der Kulturen. Über Jahrhunderte wurden die Grenzen verschoben. Alle vier Nachbarn, Polen, die Slowakei, Ungarn und Rumänien, gehören jetzt zur Europäischen Union. In Galizien sind die Menschen stolz auf ihre multikulturelle Vergangenheit: Das elegante Lemberg bezaubert mit k. u. k. Flair, polnischen und armenischen Kirchen. In Tschernowitz, der alten Hauptstadt der Bukowina, in Brody und Drohobytsch erschüttern die letzten Spuren

Bild: Universität von Tschernowitz

LEMBERG UND DER WESTEN

der ausgelöschten jüdischen Kultur. Alte Kurbäder punkten mit funkelnden Wellnesstempeln. In Podolien östlich der Karpaten zeugen stolze Schlösser und Burgen von blutigen Kämpfen um dieses Stückchen Erde. Der Westen schüttelt das sowjetische Erbe schneller ab als andere Landesteile: Die Menschen sprechen selbstbewusst Ukrainisch – und sie blicken nach Westen. Nirgendwo ist die Ukraine europäischer und nirgendwo ukrainischer als an dieser Schnittstelle zwischen Ost und West.

IWANO-FRANKIWSK

[124 C5] **Auf Ihrem Weg in die Karpaten kommen Sie an der ostgalizischen Kleinstadt kaum vorbei.** Bleiben Sie einen Tag! Die ruhige, fast familiäre Atmosphäre wirkt inspirierend. Ungewöhnlich viele erfolgreiche Schriftsteller kommen aus Iwano-Frankiwsk (218 000 Ew.). Wer hier lebe, brauche „Liebe zur Archäologie“, notiert der Literat Jurij Andruchowitsch. Beim Spaziergang durchs Zentrum verstehen Sie den Autor sofort: Die *Stadtfestung,* deren Reste Sie an der *wul. Halytska* suchen müssen, baute im 17. Jh. der polnische Fürst Potocki. Er nannte die Stadt nach seinem Sohn Stanislaw. Die herrlichen *Jugendstilvillen* in der *wul. Schewtschenko* könnten auch in Wien stehen, denn von 1772 bis 1918 gehörte das damalige Stanislau zu Österreich-Ungarn. 1919 war es ein paar Monate Regierungssitz der Westukrainischen Volksrepublik. Kurz darauf wurde Stanislaw polnisch und nach dem Zweiten Weltkrieg sowjetisch. Erst seit 1962 heißt die Stadt nach dem ukrainischen Dichter Iwan Franko.

Hingucker an einer der Jugendstilvillen

SEHENSWERTES

ARMENISCHE KIRCHE (WIRMENSKA ZERKWA)

Die Armenier kamen als Händler aus Moldawien und Siebenbürgen. Von 1742 bis 1762 bauten sie an der barocken Kirche mit den beiden Türmen. Seit 1990 wird sie von der ukrainisch-orthodoxen Kirche genutzt. *Wul. Wirmenska 6*

AUFERSTEHUNGSKATHEDRALE (KATEDRALNIJ SOBOR SWIATOHO WOSKRESINNJA)

Die barocke Kirche mit der graublauen Fassade (1753–63) und der original erhaltenen Ikonenwand gehörte zum benachbarten *Jesuitenkolleg (wul. Halytska 2).* Seit 1990 feiert hier die lebendige griechisch-katholische Gemeinde Gottesdienste. *Scheptytskoho pl. 22*

RATHAUS (RATUSCHA)

Ein echter Blickfang auf dem Marktplatz ist das konstruktivistische Rathaus (1927) mit dem kreuzförmigen Grundriss und dem stufigen Turm (darin: ein *Museum für Landeskunde* und die *Touristeninformation*).

SCHEWTSCHENKO-PARK

Über die wul. Schewtschenko mit hübschen Gründerzeitvillen gelangen Sie in die grüne Lunge der Stadt. Am See können Sie Boote ausleihen.

ZÖCKLERSCHE ANSTALTEN (ZECKLERSKIE UTSCHILISCHTSCHA)

Der evangelische Pfarrer Theodor Zöckler kam 1891 als Missionar aus Greifswald. Angerührt vom schwierigen Leben der Galiziendeutschen gründete er ein Waisenhaus mit Schule – das einstöckige Holzhaus in der wul. Nesaleshnosti 89. Im Hof des Nachbarhauses stand das Pfarrhaus. Bald kamen eine Landmaschinenfabrik, die Ruinen am Ende der wul. Rosumowskoho sowie ein Pflegeheim hinzu. Zöcklers *Gedenktafel* hängt in der *wul. Iwana Franka* an der früheren deutschen Volksschule.

ESSEN & TRINKEN

DESSJATKA

Rustikaler Bierkeller mit kleiner Wirtshauskarte. Sehr belebt. Lokale und internationale Biere. *Tgl. 12–22 Uhr | wul. Schaschkewitscha/Ecke wul. Hruschewskoho | Tel. 0342/ 71 21 21* | €

GARMIDER

Gestylte Cafébar im Erdgeschoss der größten Buchhandlung vor Ort. Auf den roten Ledersofas schlürfen junge Kreative Cocktails. Oft stehen Konzerte und Poetry-Slams mit einheimischen Literaten auf dem Programm. *Tgl. 9–23 Uhr | wul. Nesaleshnosti 31* | €

Auf dem Markt von Iwano-Frankiwsk

MARCO POLO HIGHLIGHTS

★ **Biosphärenreservat Karpaten**
Hier wachsen die größten Rotbuchenurwälder Europas (Seite 50)

★ **Kamjanez-Podilskyj**
Unbezwingbar thront die berühmteste Festung des Landes über einer dramatischen Flussschleife (Seite 52)

★ **Boim-Kapelle**
Steinernes Andenken für einen Lemberger Tuchhändler (Seite 57)

★ **Festung Chotyn**
Die gewaltige Burg am Ufer des Dnister war Schauplatz blutiger Schlachten und diente als Kulisse für über 50 Filme (Seite 55)

★ **Marktplatz von Lemberg**
Lembergs gute Stube zieht Flaneure, Freiluft-Kaffeetrinker und Kulturbegeisterte an (Seite 58)

★ **Georgskirche in Drohobytsch**
Die Perle der ukrainischen Holzarchitektur (Seite 64)

★ **Universität Tschernowitz**
Der markanteste Ziegelbau der Bukowina war erst Bischofssitz und ist jetzt Palast für die Wissenschaft (Seite 68)

SLOVAN ▶▶
Auf der Terrasse tafelt die *upper class*. Hausgemachte Pasta, Pizza, aber auch Fisch und Fleisch und Frühstücksvariationen. *Wul. Schaschkewitscha 4 | Tel. 0342/71 25 94 | €€*

ÜBERNACHTEN

NADJA
Die 200 Zimmer bieten guten Komfort. Nettes Extra: der Teekocher. *Wul. Nesaleshnosti 40 | Tel. 0342/72 70 42 | www.nadia.if.ua | €–€€*

AUSKUNFT

Carpathian Tourist Board | wul. Hruschewskoho 21 | Tel. 0342/55 18 56 | www.tourism-carpathian.com.ua

ZIELE IN DER UMGEBUNG

BIOSPHÄRENRESERVAT KARPATEN (BIOSFERSKIJ SAPOWIDNIK KARPAT) ★ [124 B–C 5–6]
Über den Pass von Jablonitza (931 m) fahren Sie immer an der Theiss entlang nach *Rachiw* (16000 Ew.), in die höchstgelegene Stadt der Ukraine (820 m). Es geht vorbei an Felslandschaften mit dichten Wäldern, an Bergwiesen mit verstreuten Gehöften. Rachiw ist das Tor zum Biosphärenreservat: Auf einer Fläche von 58 000 ha wachsen Rotbuchenurwälder. Seit 2007 gehören sie zum Unesco-Weltnaturerbe. Bei der Reservatverwaltung erhalten Sie Tipps für Wanderungen, auch auf Englisch. Besser schon vorher ausdrucken *(wul. Krasne Plesno 77 | Tel. 03132/221 93 | http://cbr.nature.org.ua)*.

Wanderer erreichen von hier aus mehrere Gipfel: die *Howerla* (2061 m), den *Petros* (2020 m) und den *Pip Iwan* (2022 m). Auch die *Blysnytza* (1881 m) ist ein beliebtes Ziel.

Wanderkarten erhalten Sie in Buchhandlungen oder in Souvenirläden in Rachiw. Da die Wege ins Gebirge aber oft nicht oder nur schlecht ausgeschildert sind, sollten

In den Transkarpaten ticken die Uhren noch anders

Sie sich auf größeren Touren von einem Bergführer begleiten lassen. Vermittlung über die *Touristeninformation* im Hotel Europa *(unregelmäßige Öffnungsz., an der Rezeption fragen | wul. Miry 42 | Tel. 03132/ 212 58 | www.rakhiv-tour.info)*. Sergeij Stepchuk bietet geführte Wander- und Mountainbiketouren, Riverrafting auf der Theiss und Skitouren. Er spricht Englisch *(Tel. 098/ 976 02 11 | stepchuk_serg@mail.ru)*.

Übernachten Sie im Hotel *Olenka*, das 2007 neu errichtet wurde und 24 gemütliche, moderne Zimmer bietet. Gutes Restaurant *(wul. Miry 48 | Tel. 03132/256 73 | www.hotel-olenka.uz.ua | €)*. In der gesamten Region werden Privatquartiere angeboten. Noch gibt es aber große sprachliche Hürden. Adressen für naturnahen Urlaub: *www.greentour.com.ua. Mit Bussen erreichen Sie Rachiw von Iwano-Frankiwsk (120 km, 4 Std.), Lwiw (7 Std.) und Tschernowitz (5 Std.). Mit dem Zug dauert es länger.*

BUKOWEL **[124 C6]**

Schneesicher bis Anfang März: Mit 50 km Pisten, einem Dutzend Liften, Skiverleih (ab 120 UAH/Tag) und Skischulen ist Bukowel (auf 920 bis 1370 m Höhe) das modernste Resort in den Karpaten *(www.bukovel.com)*. Übernachten Sie im *Shelter (22 Zi.)* am Fuß dreier Pisten oder im *Bukowel (21 Zi. | Tel. 0342/55 95 46 | http://reserve.bukovel.info | €€). 2 Autostd. (110 km südl.) von Iwano-Frankiwsk*

DILOWE **[124 B6]**

Als 1887 die Eisenbahn gebaut wurde, haben kaiserlich-österreichische Geografen genau gemessen: Bei Dilowe, 135 km südwestlich von Iwano-Frankiwsk, liegt der geografische Mittelpunkt Europas. Ein Gedenkstein und ein Edelstahlkreuz markieren die Stelle. Bei der Anreise sollten Sie Ihren Reisepass dabeihaben. Der Weg ins Zentrum Europas führt durch rumänisches Grenzgebiet. Das *Blockhaus-Restaurant* am Parkplatz ist vollgestopft mit hölzernen Butterfässchen und Keramik mit huzulischen Mustern. Serviert wird Herzhaftes aus der Bauernküche *(€€)*.

JAREMTSCHE **[124 C5]**

Der Ort (23 000 Ew., 65 km von Iwano-Frankiwsk) am tosenden Pruth versteht sich als heimliche Hauptstadt der Huzulen. Typisch: die steilen roten Ziegeldächer der Holzhäuser. Die bunte Folklore des Bergvolks dient hier hauptsächlich als Vorwand zum Geldverdienen. Wer Huzulen begegnen möchte, sollte aufs Fahrrad steigen: (Insider Tipp) Ein Verein von Fahrradenthusiasten *(www.bikeland.org.ua)* hat bereits 18 Mountainbike-Routen ausgearbeitet, 50 sollen es werden. Die meisten starten an den Bahnhöfen in Jaremtsche oder Worochta. *VeloTour* in Jaremtsche verleiht 30 Mountainbikes mit Helmen *(50–120 UAH/ Tag)*, dazu Kindersitze, Schlafsäcke oder Zelte *(wul. Swobody 278/1 | Tel. 067/343 57 03)*.

WOROCHTA **[124 C6]**

Worochta (4000 Ew., 83 km von Iwano-Frankiwsk) ist die ideale Ausgangsbasis für Gipfelstürmer und Mountainbiker, denn die Gebirgskette *Chornohora*, die höchste im Gebiet der ukrainischen Karpaten, liegt zum Greifen nah. Steigen Sie auf den

Insider Tipp

höchsten Gipfel der Ukraine, die *Howerla* (2061 m)! So geht's am schnellsten: Laufen oder fahren Sie

Filmreif: Kamjanez-Podilskyjs Festung

Richtung Zarosliak. Folgen Sie der Straße am Fluss Pruth bergan. An der Schranke zum Nationalpark registrieren Sie sich. Von hier sind es etwa 6 km bis zum Parkplatz am Sportkomplex und dann noch ca. 2 Stunden zum Gipfel. Wenn Sie morgens starten, sind Sie am Abend zurück. Die Radfahrerpension *Chalet Truten (8 Zi, 22 Schlafplätze)* verleiht Mountainbikes *(100 UAH/Tag | wul. Danyla Halytskoho 15a | www.skikarpaty.com | €)*. Tourenempfehlungen: *www.velokarpaty.com*. Übernachten können Sie auch im Bed & Breakfast *Ruslana*mit Pool *(28 Plätze in 7 Blockhütten | wul. D. Halytskoho 1a | Tel. 03434/415 42 | www.xatkyruslany.com.ua | €€)* oder im Hotel *Worochta (7 Zi. | wul. D. Halytskoho 155 | oleg103@mail.ru | €€)*.

KAMJANEZ-PODILSKYJ

[125 E5] ★ **Rund um die Stadt (98 000 Ew.) hat der Fluss Smotrytch vor 2 Mio. Jahren einen 40 m tiefen Canyon in den Kalkfelsen gefressen.** Uneinnehmbar liegt Kamjanez-Podilskyj auf der Halbinsel über der Schlucht. Den einzigen Zugang bildete früher ein schmaler Damm, der von der Festung aus geschützt wurde. Armenier, Juden, Polen, Rumänen, Aserbaidschaner, Griechen und Bulgaren suchten hier ein sicheres Leben. Ihre Spuren machen die Altstadt zu etwas Einzigartigem, so dass sie die Unesco zum Welterbe erklärte. Bald soll die wechselvolle Geschichte wieder besser zu erkennen sein. Dafür werden Kirchen, Kapellen und Altstadthäuser restauriert, etwa im armenischen Viertel rund um die wul. Wirmenska.

SEHENSWERTES

FESTUNG (SAMOK)

Mit ihren sieben Türmen, mächtigen Mauern, Wehrgängen und Schießscharten wirkt die Burg wie aus dem Märchenbuch. Eine erste Festung entstand bereits im 12. Jh. zum Schutz vor den Mongolen. Später wurde die Anlage mehrmals erweitert. Nur zweimal wurde sie erobert: 1393 erstürmten die Litauer sie, 1672 überwältigten die Türken die

Verteidiger. Die Russen sperrten in der Festung ukrainische Nationalisten ein, später diente das mächtige Bauwerk als Filmkulisse. Zwar sind die Räume leer, doch dürfen Sie dafür fast überall herumklettern und den Ausblick auf die weite Landschaft Podoliens genießen. Deutsche Führungen über Reisebüros am Ort. *Tgl. 10–18 Uhr*

KREUZERHÖHUNGSKIRCHE (CHRESTOWOSDWYSHENSKA ZERKWA)

Am Ufer des Smotrytchs duckt sich neben dem Wasserwerk die Kreuzerhöhungskirche von 1799. Der wuchtige Bau mit den drei Zellen ist eine der bedeutendsten Holzkirchen Podoliens.

PETER-UND-PAUL-KATHEDRALE (KATEDRALNIJ PETROPAWLIWSKIJ KOSTJOL)

Durch das barocke Triumphtor (1781) gelangen Sie vom Markt in den Hof der Kathedrale. Die dreischiffige Basilika wurde 1502 fertiggestellt. 1672 stürmten die Türken das christliche Bollwerk, bis 1699 diente sie als Moschee. Das 36 m hohe Minarett (147 Stufen) blieb stehen, seit 1756 sitzt jedoch eine goldene Jungfrau Maria auf der Spitze. Im Garten grüßt Papst Johannes Paul II. aus Bronze. *Wul. Tatarska 20*

> BÜCHER & FILME

Historisches, Humorvolles und Hintergründiges

- **Alles ist erleuchtet** – Ein Amerikaner sucht in der Ukraine nach der Retterin seines Großvaters vor den Nazis. Debütroman von Jonathan Safran Foer, 2005 verfilmt.
- **Die weiße Garde** – Weltliteratur des in Kiew geborenen Michail Bulgakow. Sein autobiografischer Roman spielt in den Bürgerkriegswirren 1918 und bildete die Vorlage für das Drama „Die Tage der Turbins".
- **Import Export (Österreich 2007)** – Die Ukrainerin Olga sucht ihr Glück im Westen, der Österreicher Paul in der Ukraine. Der Film von Regisseur Ulrich Seidl („Hundstage") ist pessimistisch und humorvoll zugleich.
- **Tini sabutych predkiw (dt. „Feuerpferde", 1964)** – Der Film des Armeniers Sergeij Paradschanow schildert eine tragische Liebe in den huzulischen Karpaten. Der Film erregte international Aufsehen. Der Regisseur saß dafür im Gefängnis.
- **Neunprozentiger Haushaltsessig (2009)** – Poetische Betrachtungen einer postsowjetischen Kindheit und ein genauer Blick auf die Gegenwart. Gelungener Erzählband von Tanja Maljartschuk (*1983).
- **Picknick auf dem Eis** – Victor teilt die Wohnung mit einem Pinguin und macht Bekanntschaft mit der Kiewer Unterwelt. Mit schwarzem Humor erzählt von Andreij Kurkow, dem der Roman 1999 den Durchbruch brachte.
- **Zwölf Ringe (2005)** – Kafkaesker Roman von Juri Andruchowytsch, einem der produktivsten zeitgenössischen Dichter.
- **Julia Timoschenko (2006)** – Biografie der mächtigsten Frau in der ukrainischen Politik von Dimitri Popov und Ilia Milstein.

KAMJANEZ-PODILSKYJ

ESSEN & TRINKEN

PID BRAMOJU

Das rustikal gehaltene Restaurant mit Grillgerichten auf der Speisekarte ist im historischen Stadttor untergebracht. Von der Terrasse aus haben Sie einen schönen Auslick auf die Festung. *Wul. Samkowa 1a | Tel. 03849/215 88* | €

TARAS BULBA

Uriger Bierkeller mit ukrainischer Küche. Schattiger Innenhof. Am Wochenende Livemusik. Im Hotel im gleichen Haus *(18 Zi.)* hängen Szenenfotos aus „Taras Bulba", der 2007 nach dem Roman von Nikolai Gogol in der Festung gedreht wurde. *Wul. Starobulwarna 6 | Tel. 03849/906 33 | www.taras-bulba.com.ua* | €

> www.marcopolo.de/ukraine

ÜBERNACHTEN

7DNEY

Geschmackvoll modernisierter Hotelturm. 218 komfortable Zimmer mit Klimaanlage. Bewachter Parkplatz, schönes Schwimmbad, Sauna, Hamam, Fitnessstudio. 20 Min. zur Festung. *Wul. Soborna 4 | Tel. 03849/690 69 | www.7dney.com* | €–€€

Wegen ihrer strategisch günstigen Lage war die Chotyn-Festung Schauplatz vieler Schlachten

FREIZEIT & SPORT

Podolien im Kanu, auf dem Pferd oder dem Mountainbike? Die Agentur *Extrim* organisiert Touren. *Wul. Soborna 12 | Tel. 03849/387 56 | extriminua@gmail.com*

AUSKUNFT

Touristeninformation, tgl. 9–18 Uhr | Polsky rynok

ZIEL IN DER UMGEBUNG

CHOTYN ★ **[125 D5]**

Knapp 20 km südlich von Kamjanez-Podilskyj erhebt sich die gewaltige Festung: eine Renaissanceanlage aus dem 16. Jh. mit bis zu 60 m hohen Backsteinmauern, fünf Türmen und Erdwällen. Rundherum locken viel Grün und der mächtige Strom Dnister. Slawische Stämme bauten im 11. Jh. eine erste Befestigung des Flussübergangs. Die größte Bewährungsprobe bestand Chotyn 1621, als 57 000 Polen gemeinsam mit 40 000 ukrainischen Kosaken ein 400 000 Mann starkes türkisches Heer besiegten (*Diorama* in der Burgkapelle). In der Sowjetunion wurde Chotyn zum Filmstar: Russische Regisseure nutzten die imposante Kulisse und drehten hier über 50 Kinofilme. Im Hof beeindruckt der 65 m tiefe Brunnen. Im Sommer können Sie den Wehrgang erklimmen. Restaurants und Cafés befinden sich auf dem Gelände. *Tgl. 9–20 Uhr | Kasse an der Parkplatzschranke | Eintritt 4 UAH | wul. Pokrowska 40a |*

LEMBERG

[124 B4] Lwiw (ukr.), Lwow (russ./poln.), Lemberg – gleich drei Namen haben die Ukrainer für die große, alte Schöne. Vieles wird Ihnen merkwürdig vertraut vorkommen: katholische Kirchen, polnische Friedhöfe, charmante Kaffeehäuser: Wer nach Lemberg (790 000 Ew.) reist, kommt ins alte Europa. So einfach, so kompliziert ist das mit der Hauptstadt Galiziens. Fürst Danylo gründete die Stadt 1256 und gab ihr den Namen seines Sohnes Lew („Löwe"). Das Wappentier begegnet Ihnen am Rathaus und auf dem Schlossberg, in Hinterhöfen

> ROCK UND KARPATEN-SKA

Die erfolgreichsten ukrainischen Musiker

Seit Ruslana 2004 mit „Wild Dances" den Eurovision Song Contest gewann, ist sie in ihrer Heimat ein Superstar. Verka Serduchka *(www.serduchka.com)* ist ihr dicht auf den Fersen. Die schrille Kunstfigur wird von Andreij Danilko verkörpert, dessen Auftritte mit einem Mix aus Russenpop und Elektropolka legendär sind. Zu den kommerziell erfolgreichsten Popsängern zählen Switlana Loboda, Ani Lorak (Song-Contest-Zweite 2008 mit „Shady Lady") und Alexander Ponamarjow. Okean Elsy heißen die Titanen des Rock mit dem charismatischen Leadsänger Swjatoslaw Wakartschuk. Haydamaky kreuzen traditionellen ukrainischen Folk mit westlichen Klängen wie Punk, Reggae und Dub. Ihr temporeicher Karpaten-Ska geht direkt in die Beine. Moderne Ethnoklänge boomen: Jeden Sommer versammeln sich beim Festival „Land der Träume" in Kiew *(www.krainamriy.com)* bekannte Gruppen sowie Newcomer aus dem Folkbereich: Besonders schrill und archaisch inszeniert sich dort die junge Kultband Dakha Brakha: in ukrainischer Tracht mit hoch aufgetürmten schwarzen Fellhüten und mächtigen Stimmen. Auch die Rap- und Hip-Hop-Szene boomt: Tartak und Bumboks gehören zu den Shootingstars.

und an Türgriffen. Lemberg überstand eine polnische Adelsrepublik, die österreichische Monarchie, Hitler und die Sowjetunion, bevor es 1991 Teil der unabhängigen Ukraine wurde. Seitdem erwacht die Stadt aus dem Dornröschenschlaf. Noch bröckelt der Stuck, hängen Balkone bedrohlich windschief überm Kopfsteinpflaster. Aber gerade das macht Lembergs Reiz aus. Stolze Kaufmannshäuser und Renaissancepaläste, herrliche Barock- und Jugendstilbauten versetzen Sie augenblicklich in k. u. k. Zeiten. Bummeln Sie durch die Altstadt, die die Unesco 1998 als Ganzes zum Weltkulturerbe ernannte. Die Gassen heißen nach ihren früheren Bewohnern: armenische, jüdische, serbische oder russische Straße.

Und auch bei der Gastfreundschaft spielt Lemberg wieder die erste Geige. Wundern Sie sich nicht, wenn Ihnen die Kellnerin eine vollendete Melange serviert – angeblich war es ein Lemberger, der in Wien das erste Kaffeehaus eröffnete.

Heute Haus des griechisch-katholischen Glaubens: die Dominikanerkirche

SEHENSWERTES

APOTHEKENMUSEUM (MUSEIJ APTEKI)

In den Hinterzimmern und Kellern dieser noch betriebenen Apotheke aus dem Jahr 1735 verbirgt sich ein Sammelsurium aus Laborgeräten und Vitrinen. Die geheimnisvollen Liköre und Wundermittel, z. B. blutbildender Eisenwein *(salisne vino,)* sind ein perfektes Mitbringsel. *Mo–Fr 9–19, Sa, So 10–15 Uhr | wul. Drukarska 2*

Der Top

ARMENISCHE KIRCHE (WIRMENSKIJ SOBOR)

Im 14. Jh. zogen die ersten Armenier nach Lemberg. Sie trieben Handel und gründeten ihr eigenes Stadtviertel. Das Zentrum lag um die heutige wul. Wirmenska. Ihre Kirche weihten die Armenier bereits 1370. Eine kleine Gemeinde existiert noch immer: Seit 2000 erklingt im dämmrigen Kirchenschiff, das mit Jugendstilfresken ausgemalt ist, wieder die armenische Liturgie. Im kleinen Kirchhof liegen Grabsteine, von denen manche 600 Jahre alt sind. *Wul. Wirmenska 7*

BOIM-KAPELLE (KAPLITZJA BOIMA) ★

Die Grabkapelle des Lemberger Tuchhändlers Georg Boim ist der letzte Überrest des Friedhofs, der bis 1765 die spätbarocke katholische Stadtkirche (Lateinische Kathedrale) umgab. Der gebürtige Ungar Boim begann den Bau der Familiengruft 1609. Außen entzückt die manieristische Sandsteinfassade. Innen erzählen herrliche Steinbildnisse die Passionsgeschichte. Auf der Rückseite hängen die bereits stark verwitterten Porträts von Georg Boim und seiner Frau Jedwiga. *Pl. Katedralna 1*

DOMINIKANERKIRCHE (DOMINIKANSKIJ SOBOR)

Nach Plänen des Polen Jan de Witte entstand die grandioseste spätbarocke Kirche Lembergs (1749–64). Sie wird von einer mächtigen grünen Kuppel gekrönt. Im Innern fallen die hölzernen Heiligenfiguren auf, außerdem das gotische schwarze Kruzifix am Altar. Bei Hochzeitspaaren ist die Kirche wegen ihrer üppigen Ausstattung beliebt. *Di–So 10–18 Uhr | pl. Musejna 1*

FREIHEITSPLATZ (PROSPEKT SWOBODY)

Zwischen dem Opernhaus und dem Schewtschenko-Denkmal liegt Lembergs Korso: Rund um den pr. Swobody strömt der Verkehr. Unter schattigen Bäumen in der Mitte des lang gezogenen Platzes flaniert die halbe Stadt. Rentner spielen Domino, Straßensänger und Blumenfrauen hoffen auf milde Gaben, Kinder kurven auf Elektroautos herum. Von den Caféterrassen ringsum können Sie dem Treiben entspannt zusehen.

GEMÄLDEGALERIE

Grandiose Kulisse für Goya und Co.: Im frisch restaurierten Palast des Grafen Pototski *(Pototski Palatz)* zeigt die Lemberger Kunstgalerie Meisterwerke der europäischen Kunst des 14. bis 18. Jhs. Schauen Sie sich auch die prachtvollen Säle im Erdgeschoss an. *Di–Sa 11–17, So 12–16 Uhr | wul. Kopernika 15*

GEORGSKIRCHE (SOBOR SWIATOHO JURA)

Cremefarbene Rokoko-Sahnetorte: Auf dem Swiatojurskij-Hügel (321 m) liegen Kirche und Amtssitz des griechisch-katholischen Metropoliten von Galizien, gebaut 1744–61. Im *Glockenturm* im Park hängt die *älteste Kirchenglocke* der Ukraine. Sie wurde 1314 gegossen. *Pl. Jura 5*

JÜDISCHES LEMBERG

Vor dem Zweiten Weltkrieg besaß Lemberg die größte jüdische Gemeinde Galiziens. Die rund 120 000 Juden der Stadt wurden von den Nationalsozialisten ermordet. Begeben Sie sich auf Spurensuche: Mauerreste der mittelalterlichen *Synagoge Goldene Rose* finden Sie in der *wul. Starojewrejska 37,* das *jüdische Krankenhaus* mit der farbigen Ziegelfassade im maurischen Stil in der *wul. Rappoporta 8.* Im chassidischen *Jakob-Glanzer-Bethaus* in der *wul. Ugolnoi 3* treffen sich heute jüdische Kulturvereine. Das *Holocaust-Mahnmal* steht seit 1992 am Eingang des früheren Ghettos in der *wul. Samarstinowska,* hinter der Eisenbahnbrücke. Etwas außerhalb der Stadt, an der *wul. Winniza,* lag das *Konzentrationslager Janowskij,* heute ein Gefängnis mit Stacheldrahtzaun und Wachtürmen. Ein Gedenkstein markiert den Ort.

LYTSCHAKIWSKIJ-FRIEDHOF (LYTSCHAKIWSKIJ ZWYNTAR)

Hier liegen polnische und österreichische Aristokraten, armenische Bischöfe, napoleonische Generäle. Kürzlich renoviert: die *Gedenkstätte der „kleinen Adler von Lemberg".* 2000 junge Polen starben, als sie die Stadt im November 1918 gegen die Ukrainer verteidigten. Sowjetische Panzer walzten in den 70er-Jahren das Gräberfeld platt. Erst in der Gorbatschow-Ära begann die Restaurierung. Gleich nebenan: das *Ehrenmal* für die ukrainischen Opfer. *Di–So 9–17 Uhr | Eintritt 10 UAH, Führungen mögl. (engl.) | wul. Metschnikowa 33 | Tel. 032/275 54 15 | Tram 7, 8 (Lytschakiwskij zwyntar)*

MARKTPLATZ (RYNOK) ★

Die Patrizierhäuser an den vier Seiten des *rynok* bilden ein perfektes Geviert. Im *Bandinelli-Haus (Nr. 2)* saß seit 1629 die Post. Am *Schwarzen Haus (Nr. 4)* fällt die eigenwillige Fassade aus Steinen in Form von Diamantquadern auf. Unter den italienischen Arkaden im Hof des *Palasts des reichen Kaufmanns Korniakt (Nr. 6)* können Sie herrlich romantisch Kaffee trinken *(Do–Di 10–18 Uhr).* Im *Palast der Lubomirski (Nr. 10)* residierte von 1772 bis 1821 der österreichische Gouverneur von Galizien. Vom 65 m hohen *Rathausturm* (408 Stufen) haben Sie den besten Blick auf die Innenstadt *(Di bis So 10–17 Uhr | pl. rynok 1).* Auch die Straßenbahn überquert den Marktplatz. Die Linien 1 und 9 ziehen Schleifen durch die Altstadt *(Ringverkehr, Tickets 1 UAH).*

Ins
Ti

OPER (OPERNIJ TEATR)

Für den repräsentativen Bau im Stil der Wiener Neorenaissance (erbaut 1897–1900) wurde das Flüsschen Poltwa unter die Erde verlegt. Das schwülstige Innere rief bei der Einweihung so viel Kritik hervor, dass sich der Architekt im Foyer erschoss. Caruso gastierte hier ebenso wie Paganini, Liszt und Ravel. Hören Sie rund 40 Opern- und Ballettklassiker zu Discountpreisen (ca. 1000 Plätze). Den herrlichen Vorhang können Sie auf einer Führung bestaunen *(wird an der Kasse vermittelt | 10 UAH pro Person). Pl. Swobody 28 | www.opera.lviv.ua*

SCHLOSSBERG (WYSOKIJ SAMOK)

Von der Spitze des Lemberger Hausbergs (413 m) schiebt sich Ihnen die Altstadt im Miniaturformat vor die Fotolinse. Vom „Hohen Schloss", der Burg des Fürsten Danylo, sind zwar nur noch Mauerreste übrig, aber der Rundumblick entschädigt für den Aufstieg. *Zugang/Zufahrt über wul. Ushgorodska oder wul. Krywonosa*

ESSEN & TRINKEN

AMADEUS

Spiegel an den Wänden der beiden holzgetäfelten Säle schaffen Bistroambiente. Feine ukrainische und internationale Küche. Im Sommer tafeln Sie auf der Terrasse im Schatten der Kathedrale. Livemusik. *Pl. Katedralna 7 | Tel. 032/261 50 22 | €€€*

GARMATA

Über Ihren Köpfen schweben Kanonenkugeln, überall stehen Geschütze. Kulinarisch geht es in der „Kanone" gesittet zu: feine europäisch-ukrainische Crossover-Küche im 2009 eröffneten Hotel *Citadel Inn* in der historischen Lemberger Zitadelle *(26 Zi., €€€)*. Mittags Lunchangebot. *wul. Grabowskoho 11 | Tel. 032/ 295 77 77 | www.citadel-inn.com.ua | €€€*

GASOWA LAMPA

Vier Etagen hoch stapelt sich der populäre Altstadttreff in den Himmel. Das Lokal ist den beiden Erfindern der Gaslaterne gewidmet, die an der Hauswand verewigt sind. Die Plätze auf der Dachterrasse sind im Sommer heiß begehrt. Leckere Kleinigkeiten. *Wul. Wirmenska 20 | Tel. 032/ 236 75 50 | €–€€*

Jüdisches Lemberg: Sabbat in der Tsori-Gilod-Synagoge in der wul. Bratiw Michnowskich

KLEPSYDRA ▶▶
Kneipenrestaurant des Kulturzentrums *dzyga* („Kreisel") in einer Sackgasse im armenischen Viertel. Käufliche Kunst hängt an den Wänden. Auf dem Programm stehen Konzerte und Lesungen. Gute ukrainische Küche. *Wul. Wirmenska 35 | Tel. 032/ 297 56 12 | www.dzyga.com.ua* | €

Ersetzt jedes Kaufhaus: der Krakauer Markt

Insider Tipp **KUPOL**
Gemütliches Lokal mit vorzüglicher polnischer Küche. Antiquarisch-nostalgisches Interieur, malerisch auf einem kleinen Hügel gelegen. Im Sommer Livejazz auf der Terrasse. *wul. Tschaikowskoho 37 | Tel. 032/ 261 44 54 | www.kupol.lviv.ua* | €€

VERONIKA
Köstlicher Doppelstreich: die Wiener Konditorei verführt Schleckermäuler mit fantastischem Mohnstrudel, handgefertigten Pralinen und Torten. Im gemütlichen Kellerrestaurant wird gehobene galizische Küche aufgetischt. *Pr. Schewtschenka 21 | Tel. 032/298 60 28 | www.veronica.ua* | €€–€€€

EINKAUFEN

GALERIE PRIMUS Insider Tipp
Wechselnde Ausstellungen etablierter Künstler und junger Talente in einem fantastisch sanierten mittelalterlichen Stadthaus im armenischen Viertel. *Di–So 11–18 Uhr | wul. Lessi Ukrainki 16/5 | www.primusart.com.ua*

KRAKAUER MARKT (KRAKIWSKIJ RYNOK)
Lebensmittel, Haustiere, Badezimmerarmaturen – hier wird mit allem gehandelt, was sich zu Geld machen lässt. Auf dem Gelände von Lembergs quirligem Zentralmarkt befand sich früher ein jüdischer Friedhof. *Mo–Sa | wul. Basarna*

SWIT KAWY
Duftendes Bohnenparadies: Im bestsortierten Kaffeegeschäft haben Sie die Wahl aus 17 Sorten Espresso (200 g ab 50 UAH). Im Café nebenan (Selbstbedienung) sollten Sie den frischen Blechkuchen versuchen. Schöne Terrasse! *Mo–Fr 8–22, Sa/ So 9–23 Uhr | pl. Katedralna 6*

VERNISSAGE
Ob Holzarbeiten, Gürtel oder Geschmeide: die größte Auswahl an Souvenirs finden Sie auf dem Kunsthandwerksmarkt rechts neben der

Oper. *Tgl. 10–19 Uhr | wul. Lessi Ukrainki 1*

ÜBERNACHTEN

LEOPOLIS

Die Nummer eins in Lemberg: Boutiquehotel im Herzen der Stadt. 43 exklusive Zimmer und hervorragendes Frühstück. Wochenendtarife. Im *Restaurant Löwenkeller* kocht ein Österreicher. *Wul. Teatralna 16 | Tel. 032/295 95 00 | www.leopolishotel.com* | €€€

NATALIA 18

Für Geschäftsreisende und Touristen gleichermaßen empfehlenswert: familiäres Haus mit 22 modernen Zimmern im Schatten der Oper. *Pl. Knjasja Jaroslawa Osmomysla 7 | Tel. 032/242 20 68 | www.natalia18.lviv.ua* | €€

OPERA

Nomen est omen: Vom Panoramarestaurant auf der Dachterrasse können Sie das Lemberger Wahrzeichen fast mit Händen greifen. Klassizistische Fassade, modernes Interieur. *51 Zi. | pr. Swobody 45 | Tel. 032/225 90 00 | www.hotel-opera.lviv.ua* | €€€

SWISS HOTEL

Neudrucke floraler Tapetenmotive aus dem 19. Jh. schaffen viktorianisches Ambiente in den 25 Zimmern. *Wul. Knjasja Romana 20 | Tel. 032/240 37 77 | www.swiss-hotel.lviv.ua* | €€–€€€

VINTAGE BOUTIQUE HOTEL

Ruhig und zentral: 12 komfortable Zimmer im jüdischen Altstadtviertel. Historische Fotografien, stilvolle Massivholzmöbel, Ledersofas und Parkett sorgen für Atmosphäre. 2009 eröffnet. *Wul. Starojewrejska 25/27 | Tel. 032/274 68 34 | www.vintagehotel.com.ua* | €€–€€€

WIEN

Über dem populären Caférestaurant versteckt sich das Hotel mit 20 etwas kleinen, zweckmäßig eingerichteten Zimmern. Freundliches Personal, gutes Frühstück. Unschlagbar zentral. *Pr. Swobody 12 | Tel. 032/244 43 14 | www.wienhotel.lviv.ua* | €–€€

AM ABEND

KRIJIWKA

Insider Tipp

Klopfen Sie an der Holztür hinten im Durchgang. Parole? *Slawa ukraini!*

> FUSSBALL GOES EAST

Euro 2012 in der Ukraine und in Polen

Der Countdown läuft: Vom 8. Juni bis 1. Juli 2012 ist die Ukraine mit Polen Gastgeber der Endrunde der Fußballeuropameisterschaft. Erstmals vergab die Uefa das prestigeträchtige Turnier nach Osteuropa. Gastgeberstädte sind Lemberg, Kiew, Charkiw und Donezk. Noch werden Flughäfen und Straßen ausgebaut, Hotels und Stadien modernisiert – ein gewaltiger Schub für die marode Infrastruktur des Landes. Fast noch größer dürfte der Imagegewinn sein: Wenn am 1. Juli 2012 das Endspiel in Kiew angepfiffen wird, werden Fußballfans in aller Welt auf die ukrainische Hauptstadt blicken. *www.uefa.com*

(Ruhm der Ukraine) Die Kneipe ist eine Hommage an die umstrittene ukrainische Untergrundarmee UPA, die in den 40er-Jahren sowohl gegen die sowjetischen als auch gegen die deutschen Besatzer kämpfte. Hier treffen Sie alle: vom Studenten bis zum Minister. *Rund um die Uhr | pl. rynok 14 | www.kryjivka.com.ua*

KULT

Lwiws verlässlichste Clubadresse: Ob Folk, Pop, Rock, Jazz oder Latin – jeden Abend wird in dem Kellerclub zu Livemusik wild getanzt. Dazu Bier und kleine Speisen. *Tgl. ab 21 Uhr | wul. Tschajkowskoho 7 | www.kult.lviv.ua*

MASOCH

Dinner und Drinks in einem Ambiente von Fetisch und Dekadenz: Der geneigte Gast kann sich von der Bedienung in Ketten legen lassen. Die Rechnung kommt in Stöckelschuhen. Die Bar huldigt dem Lemberger Schriftsteller Leopold von Sacher-Masoch, dem „Erfinder" des Masochismus. *Tgl. 11–1 Uhr | wul. Serbska 7 | www.masoch-cafe.com.ua*

ROBERT DOMS

Im Bierkeller auf dem Gelände der Lemberger Brauerei von 1715 spielen abends Jazzbands. *Tgl. 12–24 Uhr | wul. Klepariwska 18*

ZIELE IN DER UMGEBUNG

BRODY [124 C3]

Die Geburtsstadt des Schriftstellers Joseph Roth (1894–1939) liegt 90 km östlich von Lemberg. Seine Romane, die den Geist der untergehenden Monarchie atmen, haben Brody

Erste Adresse für Romantiker ist Lembergs Marktplatz bei Einbruch der Dunkelheit

(23 000 Ew.) ein Denkmal gesetzt: In Roths altem Gymnasium wurde ein kleiner *Gedenkraum* eingerichtet *(wul. Kozjubynskoho 2)*. Nur mit viel Phantasie spürt man noch, dass Brody zu k.u.k. Zeiten drittgrößte Stadt Galiziens war, nach Lwiw und Krakau. Vom jüdischen Schtetl ist nichts geblieben als die *Ruine der Großen Synagoge* von 1742 *(wul. Hontscharska)* und der verwilderte *Friedhof* mit über 20 000 Gräbern *(ca. 3 km außerhalb, an der Straße nach Berestetschko und Leschniw)*. Schlendern Sie über Brodys *Goldene Gasse (wul. Solota)* am Markt vorbei zu den Resten der fünfeckigen *Zitadelle*. Auf dem verwilderten Gelände finden Sie einen verwitterten Rokokopalast und die Kasematten mit Barockportal. Schauen Sie auch kurz in das *Museum für Stadtgeschichte (Mo–Fr 9–18, So 10–16 Uhr | Majdan Swobody 5 | Tel. 03266/421 13)*. Dort können Sie historische Ansichtskarten kaufen und mit etwas Glück englische Stadtführungen vorbestellen. Preiswert und komfortabel übernachten Sie im Hotel Europa *(16 Zi. | wul. Juridika 8 | Tel. 03266/260 35 | www.europahotel.com.ua | €)*. Auch das Hotelrestaurant ist gut und günstig.

DROHOBYTSCH **[124 B4]**

Typische westukrainische Provinzstadt (79 000 Ew., 95 km südl. von Lemberg) mit gut erhaltener Altstadt, quirligem Markt und zwei herrlichen Holzkirchen. Ende des 19. Jhs. fand man in der Nähe Öl, 1880 gab es bereits 36 Ölgesellschaften im „galizischen Pennsylvania". In der *wul. Mitskevytsch* sind einige *Villen* aus dieser Zeit erhalten. Viele der Arbeiter in den Ölquellen waren Juden. 1941 marschierten die Deutschen ein und verschleppten die jüdische Bevölkerung in die Vernichtungslager. Als einziges Baudenkmal überstand die *Große Synagoge* von 1865 *(wul. Petra Orlyka)* die Nazizeit.

In „Die Zimtläden" beschreibt der 1892 in der wul. J. Drohobytscha 10 geborene polnische Jude Bruno Schulz das Leben in seiner Heimatstadt. Schulz musste für den örtlichen Gestapochef Felix Landau das Kinderzimmer in dessen Villa *(wul. Tarnawskoho 14)* ausmalen. 1942 wurde Schulz in Drohobytsch erschossen. Inzwischen befinden sich die Malereien in Israel.

Die hölzerne *Kreuzerhöhungskirche (zerkwa Wosdwishennja Chresta)* aus dem frühen 16. Jh. steht neben dem Feuerwehrhaus in der *wul. Si-*

chowytch Striltsiv. Die ebenfalls hölzerne ★ *Georgskirche (zerkwa Swjatoho Jura,* 15. Jh.) mit barocken Zwiebelkuppeln duckt sich in der *wul. Solony Stawok 25* hinter einer Autowerkstatt. Im Innern erwartet Sie ein farbiges Wunder: Die Kirche ist bis unter die 18 m hohe Kuppel mit naiven Szenen aus dem Leben Jesu ausgemalt. Falls abgeschlossen sein sollte, klopfen Sie am Haus neben dem Eingangstor.

Die spätmittelalterliche Georgskirche in Drohobytsch birgt einen farbigen Freskenschatz

KRETSCHIW **[124 B3]**

12 km vor Showkwa stoßen Sie auf das Dorf Kretschiw. Schauen Sie sich hier das frisch renovierte *Basiliuskloster (Wasylijanskij monastyr)* mit der *St.-Nikolaus-Kirche* im typisch galizischen Stil (1721–37) an. Es liegt malerisch zwischen Birken- und Kiefernwäldern. Die massiven Mauern, Schutztürme und das solide Eingangstor weisen es als Wehrkloster aus. Seit 1990 leben wieder Mönche hier. Einige Schüler des Priesterseminars sprechen Englisch und führen Sie gerne herum *(Kontakt an der Pforte | Tel. 03252/612 47).* Eine schöne Wanderung führt ca. 1 Std. durch den Wald zu einer *Felsenhöhle (pechery)* aus dem 16. Jh., in der die späteren Klostergründer lebten.

SHOWKWA **[124 B3]**

Das mittelalterliche Renaissancestädtchen (13 000 Ew.) liegt rund 30 km nördlich von Lemberg. Sein Erbauer, der reiche polnische Feldherr Stanislas Zolkiewski, träumte von der „idealen Stadt". Schauen Sie sich an, was davon übrig blieb: Am ausgedehnten *Marktplatz* dominiert das *Stadtschloss* von 1594, im 18. Jh. Residenz des polnischen Königs Jan III. Sobieski. Der letzte Besitzer verkaufte Ende des 19. Jhs. Fassadenteile und Skulpturen als Baumaterial. Momentan wird die Ruine restauriert *(pl. Witschewa 2)*. Gleich gegenüber erhebt sich die *Laurentiuskirche* (1604–09) mit schönen Renaissancegräbern der Königsfamilie Sobieski. Nur ein paar Schritte hinter dem Markt stoßen Sie auf die *Ruine der Synagoge* und das *Dominikanerkloster* mit Kirche (1655).

TRUSKAWETS **[124 B4]**

„Naftusia" – diese Quelle war in der ganzen Sowjetunion bekannt. Ihr sonderbarer Geschmack nach Erdöl auch! Die ebenso hässlichen wie gut gefüllten Sanatorien zeugen von der ungebrochenen Popularität Truskawets' (23 000 Ew.). So beliebt der Kurort im Karpatenvorland ist, so wenig Attraktionen hat er zu bieten. Eine alte hölzerne Trinkhalle verwittert im Kurpark. Die wenigen erhaltenen hölzernen Villen und Pensionen aus dem 19. Jh. müssen Sie im Ort suchen. Gut erholen können Sie sich trotzdem. Seit einigen Jahren eröffnen immer mehr private Wellnesshotels mit mehr Komfort und Romantik und weniger Badearztimage. So z. B. das Wellnesshotel *Geneva* mit 200 Zimmern und riesigem Spa (6700 m²), dem größten des Landes *(wul. Suchowolya 61–63 | Tel. 03247/717 17 | www.sangeneva.com.ua | €€–€€€)*. Oder das Designhotel Villa Kristina *(37 Zi. | wul. Bilasa 9 | Tel. 03247/641 41 | www.truskavetskurort.ua | €€€). 100 km südlich von Lemberg; 1,5 Autostd., regelm. Busverbindung, Sanatorien können Transfers organisieren*

TSCHERNOWITZ

[125 D6] Die restaurierten Fassaden in der ehemaligen Herrengasse (wul. Kobyljanskoji) erstrahlen in Pastelltönen. Das Kopfsteinpflaster ist frisch verlegt. In den Hinterhöfen wuchert Wein an rostigen Balkonen. Doch bei aller Schönheit wirkt Tschernowitz (242 000 Ew.), die historische Hauptstadt der Bukowina, wie ein Bühnenbild für ein Theaterstück, das längst abgesetzt wurde. *Tscherniwzi* lag einmal in der Mitte Europas, im 18. und 19. Jh., als die Bukowina eine Provinz der österreichisch-ungarischen Monarchie war. Von 1918 bis Juni 1940 gehörte Tschernowitz kurz zu Rumänien. Die Juden, die etwa die Hälfte der Bevölkerung ausmachten, pflegten die deutsche Kultur, bis die Nationalsozialisten sie vertrieben und

>LOW BUDGET

- *Eisbar Pinguin:* Sowjeteisdiele neben der Lemberger Oper. Vanilleeis mit einem Klacks Marmelade für 3 UAH. An den Stehtischen schlürfen Rentner den billigsten Wodka der Westukraine. *Tgl. 9–22 Uhr | pl. Swobody 43*
- *Central Square Hostel* in Lemberg: zentrale Rucksackherberge mit 10 Betten, ab 120 UAH. Schließfächer, Küche, Waschmaschine, Trockner. *Rynok 5 | Tel. 032/2546169 | cshostel@gmail.com*

ermordeten. Die *Geburtshäuser* der berühmten Dichter Rose Ausländer *(wul. Sahajdatschnoho 57)* und Paul Celan *(wul. Saksahanskoho 5)* stehen noch. Anderes ist für immer verloren.

Davidstern auf dem Dach hat man neu vergoldet. Wild wuchern Holunder, Weiden, Ahorn und Gestrüpp. Ein kleiner Teil der rund 50 000 Gräber ist freigelegt: Hier ruhen die

Verwehte Geschichte, verschwundene Kultur: der jüdische Friedhof von Tschernowitz

SEHENSWERTES

ARMENISCHE KIRCHE (WIRMENSKA ZERKWA)

Der Tscheche Josef Hlavko plante die Peter-und-Paul-Kirche in Form eines griechischen Kreuzes für Tschernowitz' armenische Gemeinde. In dem Backsteinbau im romanisch-gotischen Stil finden Orgelkonzerte statt. *Wul. Ukrainska 30*

JÜDISCHER FRIEDHOF (JEWREJSKIJ ZWYNTAR)

Die Leichenhalle ist verfallen, die Kuppel einsturzgefährdet. Nur den hohen Beamten und Richter, angesehene Tschernowitzer Industrielle und Kaufleute. Ein Mahnmal gedenkt 168 rumänischer Kinder, die von der SS ermordet wurden. Das Brüdergrab erinnert an die namenlosen Opfer der Shoah. *Wul. Selena, gegenüber dem christlichen Friedhof*

KALYNIWSKY-MARKT

Die Ware kommt aus Polen, Rumänien, der Türkei, China und Vietnam. Angeblich drängen sich bis zu 150 000 Kaufwillige täglich über den 33 ha großen Basar am Rand des Zentrums. Die Budenstadt ist nicht nur der größte Arbeitgeber, sondern auch ein wunderbarer Ort zum Leutegucken. *Wul. Kalyniwska*

KUNSTMUSEUM (MUSEIJ MYSTEZTWA)

Das prächtige Art-déco-Fliesenrelief am Dachsims und die Skulpturen, Wandmalereien und Buntglasfenster im Innern machen das Kunstmuseum zum Gesamtkunstwerk. In der Ausstellung Holzschnitzereien mit Szenen jüdischen Lebens in der Bukowina. Texte in Englisch. *Tgl. 9–17 Uhr | pl. Zentralna 10*

NIKOLAI-KATHEDRALE (MYKOLAJIWSKIJ SOBOR)

Vier schneckenförmig verdrehte Türmchen für die vier Evangelisten: Die orthodoxe Nikolai-Kathedrale von 1939 imitiert einen der schönsten Sakralbauten Rumäniens, die Königskirche in Curtea de Arges. *Wul. Ruska 35*

SAD HORA

Das jüdische Leben blühte in der Vorstadt Sad hora am linken Ufer des Pruth: Hier wirkte der chassidische Wunderrabbi Israel Friedmann. Schon bald pilgerten Wallfahrer aus ganz Europa zu dem geistlichen Führer der Chassidim. Die Ruinen des Backsteinbaus mit maurisch verzierten Türmchen finden Sie auf einem verlassenen Fabrikgelände. *Wul. Moris Torez*

SYNAGOGE

Film- statt Thorarollen: die ehemalige Hauptsynagoge, ein Tempel im maurischen Stil (1873–77), wurde 1954 in ein Kino umgewandelt, das leider nur Filme auf Ukrainisch und Russisch zeigt. Die schwarze Tafel im Foyer erinnert an den Tenor Joseph Schmidt, der hier Kantor war. Schmidt trat bis 1933 im Berliner Rundfunk auf. *Ecke wul. Universytetska/Sankowetska*

> SPECK-TAKEL ZUM WODKA

Salo – glänzend weiß und butterzart

Am liebsten vernaschen die Ukrainer *salo* in feinen Scheiben – pur oder mit dunklem Roggenbrot, Knoblauch, Gurken oder Pilzen. Auch ein Glas Wodka passt dazu. Der fette Schweinespeck ist eine traditionsreiche, dem italienischen *lardo* vergleichbare Delikatesse. In früheren Zeiten war *salo* ein günstiger und haltbarer Kalorienspender für die harte Feldarbeit. Heute genießt man ihn einfach so. Ausgebratene Grieben *(schkwarky)* begleiten Kartoffeln, *warenyky* oder Suppen. Ein Stück Schweinespeck gehört immer auch in den Reiseproviant – in der Fremde lindert er das Heimweh. In lange Streifen geschnitten, leicht gesalzen und aufgerollt reift *salo* einige Zeit in kühlen Kellern oder in Holzfässern, bevor er verkauft wird. Die beste Auswahl gibt es auf Märkten. Probieren Sie vor dem Kauf und achten Sie darauf: Das Messer muss wie von selbst hindurchgleiten, dann ist er am besten. *Salo* scheint mit allem kombinierbar: Hier und da wird der Speck sogar als Dessert mit heißer Schokolade übergossen – *smachnoho!* (Guten Appetit!)

THEATERPLATZ (PLOSCHTSCHA TEATRALNA)

Die Wiener Architekten Ferdinand Fellner und Hermann Helmer planten 1904 das Theater mit dem neobarocken Äußeren. Ein Jahr später hob sich in Tschernowitz' deutschem Stadttheater der Vorhang. *Haus Nr. 5* beherbergt das prächtige *Jüdische Volkshaus* (1908). Am Treppengeländer sägten die Sowjets den Davidsternen zwei Zacken ab. Mitte der 90er-Jahre wurden sie wieder angeschweißt. Nebenan erhebt sich der *rumänische Volkspalast* von 1938. *Pl. Teatralna*

UNIVERSITÄT (UNIVERSITET) ★

Das Ensemble (1864–84) bezaubert mit verspielten Türmchen, geometrischen Backsteinornamenten und farbigen Dachziegeln. Errichtet wurde es als Residenz der orthodoxen Metropoliten der Bukowina, erst in sowjetischer Zeit bezog die Universität das Gebäude. An Wochenenden treten Brautpaare in der Seminarkirche im linken Flügel vor den Altar. Um die repräsentativen Treppenhäuser und den Marmorsaal im ersten Stock des Hauptgebäudes zu sehen, müssen Sie sich einer Führung anschließen. *Tgl. 10–17 Uhr | ca. 20 UAH | wul. Universitetska | Tel. 0372/58 48 21*

ZENTRALPLATZ (ZENTRALNA PLOSCHTSCHA)

Zur 600-Jahr-Feier 2008 wurde die gute Stube der Stadt zuletzt saniert. Stünde nicht Nationaldichter Taras Schewtschenko auf seinem Sockel, könnte man Tschernowitz tatsächlich für eine Miniaturausgabe von Wien halten. Fast alle zentralen Achsen schneiden den lang gestreckten Platz. Blickfang ist das *Rathaus* mit imposantem *Turm*.

ESSEN & TRINKEN

KWINTO

In dem Bierkeller trägt die Bedienung Tracht und spricht Englisch. Sie haben die Wahl unter acht Sorten Bier vom Fass. Entscheidungsschwachen hilft die bebilderte Speisekarte von Pasta bis Steaks und Sushi. *Wul. O. Kobyljanskoji 3 | Tel. 0372/52 73 56 | €*

REFLECTION

Warmes Holz, rötliche Ziegel und Kerzenlicht sorgen für Romantik, Friséesalat mit Avocado, Huhn und Orangenfilets für Phantasie auf dem Teller. *Wul. Holowna 66 | Tel. 0372/52 66 82 | €*

WIDENSKA KAWJARNIJA

Im Wiener Kaffeehaus scheint die Zeit stehengeblieben zu sein: Elegante Kellner servieren Apfelstrudel, Mohnkuchen und sündige Buttercremetorten. Auch kleine warme Gerichte. *Wul. Kobyljanskoji 49 | Tel. 0372/52 28 21 | €–€€*

ÜBERNACHTEN

KAISER

Kaiser Franz Joseph grüßt vom Ölgemälde, doch das war's schon mit der k. u. k. Herrlichkeit: Die 15 Zimmer in Bahnhofsnähe sind modern eingerichtet. Bewachter Parkplatz, Restaurant *(€€)* mit Gartengrill. *Wul. Gagarina 51 | Tel. 0372/58 52 75 | www.kaiser-hotel.com.ua | €*

MAGNAT LUXE

Familiär geführtes Haus mit 12 geräumigen Zimmern, die ruhigsten zum

Hof. Einige Suiten mit Whirlpool. *Wul. Scheptyzkoho 6 | Tel. 0372/58 32 12 | €€*. Acht einfachere Zimmer in der ruhig gelegenen Filiale *Wul. Tolstoho 16a | Tel. 0372/52 64 20 | www.magnat.cv.ukrtel.net | €*

AUSKUNFT

Touristeninformation | wul. Holowna 16 | Tel. 0372/55 36 84 | www.citytour.cv.ua/de/index_de.htm

ZIEL IN DER UMGEBUNG

KOLOMYJA

Kolomyjas ganzer Stolz ist sein eiförmiges, buntes *Ostereimuseum* in der verschlafenen Fußgängerzone. In dem 14 m hohen Betonoval können Sie Tausende kunstvoll verzierte *pysanky* aus allen Teilen der Westukraine bestaunen. Die Muster entstehen mit heißem Wachs und Nadel. Im Shop und vor dem Museum werden die Eier verkauft *(Di–So 10–18 Uhr | wul. Tschornowola 27b)*. Nur ein paar Straßen weiter wartet das weit und breit schönste *Museum zu Kunst und Kultur der Huzulen (Di–So 10–18 Uhr | wul. Teatralna 25)* auf Sie. Freuen Sie sich an Schnitzereien, farbenfroher Keramik und einer original eingerichteten Bauernstube. Die Erklärungen sind auf Englisch. Hinter dem Museum liegt das nette Restaurant *Elina* mit Holzhütten im Grünen und Schaschlikgrill *(€)*. Übernachten im *Kolomiya (12 Zi. | wul. Tschornowola 26 | Tel. 03433/50343 | www.kolomiya.com.ua | €). 75 km nordwestl. von Tschernowitz*

Blick vom Rathausturm auf die Altstadt von Tschernowitz

> SOMMERFRISCHE MIT ZARENGLANZ

Mediterrane Momente in der abwechslungsreichen Landschaft am Schwarzen Meer

> Am Schwarzen Meer und auf der Krim gibt sich die Ukraine mediterran: Odessa, Jalta oder Sewastopol bringen Ihre Phantasie in Schwung. Vielvölkergemisch und Zarenglanz, Weltpolitik und Orient, blutige Kriege und ruhmreiche Schwarzmeerflotte, würzige Seeluft und prickelnder Krimsekt. Ein äußerst belebender Mix.

Die Krim war Sommerfrische des Adels und Mallorca des Sozialismus. Und auch wenn heute die Türkei und Ägypten bei den Ukrainern höher im Kurs stehen, bleiben viele der Halbinsel treu. Auch wegen ihrer abwechslungsreichen Landschaft: weite Steppen im Norden, Sandstrände und Salzseen im Westen, Berge und Kiesstrände im Süden, raue Felsen im Osten, die jäh ins Meer abfallen, Tropfsteinhöhlen, Weingärten, Zypressen und Palmen. Tauchen Sie ein in das Völkergemisch Odessa oder schippern Sie im Holzkahn ins Donaudelta. Entdecken Sie auf der Krim

Bild: Jalta und die Ausläufer des Krimgebirges

ODESSA UND DIE KRIM

griechische Ruinen, Sowjetsanatorien, tatarische Siedlungen und lärmige Partystrände. Wandern Sie durch stille Schluchten oder erkunden Sie die Insel mit dem Mountainbike.

BACHTSCHISARAJ

[132 B6] ★ **Niedrige Häuser mit üppigen Obstgärten reihen sich vor den steilen Sandsteinformationen einer kilometerlangen Schlucht aneinander.** Jahrhundertelang war Bachtschisaraj (26 000 Ew.) Hauptstadt der Krimtataren. Immer noch verleiht der Khanspalast mit den typisch tatarischen Ornamenten der Altstadt orientalisches Flair. Mit dem orthodoxen Felsenkloster und der jüdischen Höhlenstadt bietet der Ort weitere einzigartige Kulturdenkmäler. Heute siedeln viele tatarische Rückkehrerfamilien aus Zentralasien in und um Bachtschisaraj. Wilde Siedlungen und viele neue Minarette zeugen davon. *Busse von Simferopol | vom Busbahnhof per Marschrutka Ri. Altstadt (ca. 10 Min.)*

hof der Khane. Am ältesten ist das filigrane *Steinportal* (1503). Öfter fotografiert wird nur der *Tränenbrunnen*. Aus Trauer um den Tod seiner Lieblingsfrau ließ der Khan die Fon-

Geschützt in einer Höhle liegt das Mariä-Himmelfahrt-Kloster

SEHENSWERTES

KHANSPALAST (CHANSKIJ DWOREZ)

Schattige Gärten, Brunnen, orientalische Gemächer: Im frühen 16. Jh. ließ das Oberhaupt der Krimtataren, Khan Mengli Girej, den Palast errichten. Baumeister aus Russland, Italien, der Türkei und der Ukraine arbeiteten über 200 Jahre an dem Ensemble. Auf dem Gelände liegen auch der Harem, eine Moschee und der Fried-

täne errichten, aus der beständig Tränen quellen. Die tragische Liebe inspirierte Alexander Puschkin zu seinem Poem „An die Fontäne im Palast von Bachtschisaraj". *Mi–Mo 10–17 Uhr | ul. Retschnaja 133*

MARIÄ-HIMMELFAHRT-KLOSTER (USPENSKIJ MONASTYR)

Das Kloster krallt sich dramatisch an den mächtigen Felsen. Eine steile

Treppe führt zur Hauptkirche, die byzantinische Mönche im 9. Jh. in den Berg schlugen. Im Innern der Höhlenbasilika mittelalterliche Fresken. Seit 1993 leben im Kloster wieder Mönche. *Vom Khanspalast 30 Min. zu Fuß (5 Min. mit der Marschrutka) zum Parkplatz des Klosters, dann 10 Min. bergauf*

TSCHUFUT KALE

Etwa 1 km hinter dem Kloster erstrecken sich die Überreste der Höhlenstadt Tschufut Kale („Jüdische Festung") aus dem 6. Jh. Die ersten Bewohner lebten auf dem Felsplateau. Die Höhlen, die Sie am Eingang passieren, nutzten sie als Lagerräume, Kirchen oder Friedhöfe. Die Tataren nahmen die Siedlung im 13. Jh. ein und lebten dort, bis sie Bachtschisaraj gründeten. Reste eines Khanspalasts und einer Moschee zeugen davon. Ende des 14. Jhs. suchten jüdische Karaimer in den Höhlen Schutz. Die turkstämmigen Karaimer akzeptieren nur die Thora als Glaubensbasis, lehnen den Talmud jedoch ab. Schauen Sie sich die restaurierten *Kenassen* (Gebetshäuser) an.

ESSEN & TRINKEN

Rund um den Palast bekommen Sie tatarische Spezialitäten wie *tschebureki* (Teigtaschen) und *lagman* (Nudelsuppe). Stilvoller verschnaufen Sie in der *Karawanserei Aschlama (ul. Basenko 1 | €€)* am Parkplatz des Klosters. Pfauen stolzieren zwischen den hölzernen Pavillons umher, während Sie auf einem der Diwane Ihre Sinne mit Pfefferminztee beleben. Köstliche Lammkebabs, süßes Nussgebäck und türkischer Mokka in

MARCO POLO HIGHLIGHTS

★ Bachtschisaraj
Ein orientalischer Palast, ein ehrwürdiges Kloster und eine rätselhafte Höhlenstadt (Seite 71)

★ Liwadija
In der Sommerfrische des letzten Zaren trafen sich die Sieger des Zweiten Weltkriegs (Seite 77)

★ Woronzow-Palast
Englische Schatztruhe in alter Parklandschaft (Seite 78)

★ Sewastopol
Verbotene Stadt: Zum Heimathafen der russischen Schwarzmeerflotte hatten bis 1991 nur Militärangehörige Zutritt (Seite 88)

★ Sudak
Wuchtige Mauern, trutzige Türme, fabelhafte Aussicht (Seite 81)

★ Opernhaus Odessa
Wiener Klassik am Schwarzen Meer (Seite 83)

★ Potjomkinsche Treppe
Triumphaler Aufgang nach Odessa (Seite 84)

★ Wilkowo
Im Holzkahn zum Vögelbeobachten ins Donaudelta (Seite 87)

★ Balaklawa
Geheimer Hangar für Atom-U-Boote (Seite 90)

einem lauschigen Garten: Das Restaurant *Markur* finden Sie zwischen Lavendelfeldern an der Straße von Bachtschisaraj nach Simferopol. *Tel. 06554/435 04* | €–€€

Insider Tipp

EINKAUFEN

KRIMTATARISCHES HANDWERK

Insider Tipp

Filigraner Silberschmuck, Keramik und Webteppiche nach originalen Mustern. Krimtatarische Juweliere und Töpfer vermarkten ihre Produkte gemeinsam und bilden junge Leute in den alten Techniken aus. *Ul. Retschnaja 125 | Tel. 06554/473 43 | www.usta.rcf.crimea.ua*

ÜBERNACHTEN

BED & BREAKFAST BEI KRIMTATAREN

Herzliche Gastfreundschaft, orientalische Verpflegung und die schöne Umgebung entschädigen für die oft sehr einfachen Quartiere. Ihre Vermieter treffen Sie vor dem Palast.

MERABA

Dattelbäume vorm Fenster und Hahnengeschrei am Morgen. Einfache, saubere Pension mit Teeküche in einem Neubau. 5 Zimmer z. T. mit Balkon. *Ul. Retschnaja 125b | Tel. 050/930 41 46 | www.meraba.crimea.ua* | €

PRIWAL

In einem weitläufigen Garten verteilen sich einfache Ferienwohnungen und Hotelzimmer. Teilweise Gemeinschaftsduschen. *257 Betten | ul. Schmidta 43 | Tel. 06554/478 46 | www.prival.crimea.com* | €

>LOW BUDGET

- > Günstig schlafen: Elf einfache, saubere Zimmer ab 35 Euro vermietet die deutsche ev.-luth. Kirche St. Paul in Odessa. Auf Wunsch mit Frühstück. *Ul. Nowoselskogo 68 | Tel. 0487/77 32 61 | guests_lut@ukr.net*
- > Mit der Gondel *(Kanatnaja Doroga)* schaukeln Sie über den Dächern von Jalta hinauf zur Aussichtsplattform. Abends verwandelt sich der Platz in eine kleine Open-Air-Disko. *Bis 22 Uhr | 30 UAH | ul. Kirowa*
- > Für wenig Geld ans Meer kommen Sie mit der längsten Trolleybuslinie der Welt (86 km): sehr gemächlich in 2,5 Std. von Simferopol über Aluschta nach Jalta. Tickets kosten nur ca. 1 Euro. *Start am Flughafen, weiterer Halt am Bahnhof Simferopol*

ZIELE IN DER UMGEBUNG

JEWPATORIJA [132 A5]

Trockenes Steppenklima, Sandstrände und flaches Meer machen Jewpatorija (100 000 Ew., 100 km von Bachtschisaraj) zum Familienziel. An der Strandpromenade bröckeln die Fassaden der klassizistischen Kurkliniken. Tatarisches Erbe: die *Dschuma-Dschami-Moschee* von 1552 *(ul. Revolutsii)*. Jewpatorija gilt als Zentrum des karaimischen Judentums. In einem schattigen Garten in der Altstadt liegen ihre beiden reich verzierten *Kenassen* aus dem 19. Jh. *(ul. Karaimskaja 68, Führungen)*. Heute leben auf der Krim nur noch wenige hundert Karaimer. Im Restaurant *Karaman* kommen *tschebureki, plow* und gefüllte Weinblätter auf den Tisch. Auch Terrassenplätze *(tgl. 12–22 Uhr | Tel. 06569/330 35 | €)*. Rings um die Stadt öffnet sich eine 50 km breite Bucht. Die öffentlichen

Strände sind meist überlaufen. Ruhiger ist es in privaten Beachclubs. Beim Spaßbad Solnitschko in der Nähe von Saki schimmert das Meer grünlich. Breite Natursandstrände finden Sie in der Nachbarstadt *Myrnij* (ca. 40 Min.). Wenn Sie die Baustellen nicht stören, kommen Sie hier voll auf ihre Kosten. Bringen Sie Proviant mit.

Im charmanten Literaturcafé *Anna Achmatowa* in Jewpatorija können Sie sich Torte, kalte und warme Kleinigkeiten schmecken lassen *(tgl. 10–24 Uhr | proesd Anny Achmatowoy 21/16 | €)*. Das populäre *Bistro* auf der *ul. Frunse* serviert Schaschlik in allen Varianten *(zw. ul. Puschkina und Strandpromenade | €–€€)*. Rund um die *ul. Frunse* tobt das Nachtleben. Übernachten Sie im *Russkoe Morje*. Familiäres Hotel mit 21 Zimmern, Pool im Hof und Fitnessraum, 2 Min. zum Strand *(ul. Tokarewa 4 | Tel. 06569/630 02 | russiansea@list.ua | €)*. Die Apartmentanlage *Newski Bereg* überzeugt mit hochwertiger Ausstattung und großem Pool mit Bar. 2 Min. zum Strand. *Ul. Kiewskaja 57a | Tel. 06569/446 87 | www.nevskybereg.info | €€€*

Im Sommer gibt's an Jewpatorijas Stränden mehr zu beobachten

SIMFEROPOL **[132 B5]**

In Simferopol (340 000 Ew., 35 km entfernt) fangen die kostbarsten Wochen des Jahres an. Jeder will von hier so schnell wie möglich weiter ans Meer! Simferopol ist zwar die größte Stadt der Krim, aber meist nur staubige Durchgangsstation. Wer einen

Blick ins Zentrum riskiert, entdeckt eine hübsche *Fußgängerzone* mit Straßencafés (*ul. Puschkinska* und *ul. Karla Marksa*) und als grüne Lunge den *Gagarinpark* in Bahnhofsnähe. Liebespaare halten Händchen am Ufer des Flüsschens Salgir. Das *Kunstmuseum* rückte 2008 ins Rampenlicht, als hier 78 seit dem Zweiten Weltkrieg verschollene Beutekunstbilder aus Aachen auftauchten *(Di–So 10–17 Uhr | ul. Libknechta 35)*. Krimtatarische Spezialitäten serviert das *Café Diwan (ul. Gorkoho 6 | €)*. Armenische Küche und gemütliche Terrassen-Pavillons im *Chistye Prudy (am Eingang des Gagarinparks | €€)*. Konspirative Atmosphäre und günstige ukrainische Gerichte im Insider Tipp Kneipencafé *Nostalgyja* in der Nähe der lokalen Geheimdienstzentrale *(ul. Rosy Luksemburg 12 | Tel. 0652/27 53 53 | €)*. Übernachten Sie im *Hotel Ukraina (127 Zi. | ul. Rosy Luksemburg 7 | Tel. 0652/51 01 65 | www.ukraina-hotel.biz | €€)*.

JALTA

[132 B6] **Handtuch an Handtuch grillen die Sonnenhungrigen an Jaltas (80 000 Ew.) Hafenbecken, direkt an der Uferpromenade ul. Lenina.** Genosse Lenin schaut ihnen von seinem Sockel zu. Mitte des 19. Jhs. zogen die Gutbetuchten des Zarenreichs an die Südküste. Nach der Oktoberrevolution wurden ihre Villen zu Sanatorien. Jetzt shoppen russische Urlauberinnen in den neoklassizistischen Boutiquen am Meer. Ihre Männer tragen unter üppigen Palmen ihre Bräune zur Schau. Abends genießen Inlineskater die kühlende Brise. Über ihren Köpfen erhebt sich das Halbrund des Krimgebirges, an dessen Ausläufern Sanatorien, Hotel- und Apartmenttürme in den Himmel wachsen.

SEHENSWERTES

AJ PETRI

Die Spitzen von Jaltas Hausberg (1234 m) bestehen aus Korallen. Die

Im eigens renovierten Liwadija-Palast berieten sich 1945 die Vertreter der Siegermächte

karge Hochebene rund um den Gipfel erinnert an eine Mondlandschaft. Wanderer brauchen etwa 2,5 Stunden. An der Bergstation wetteifern rund 30 krimtatarische Lokale um Gäste. *Von der Talstation in Mischor bei Alupka (12 km von Jalta) 20 Min. mit der Seilbahn. Tgl. 9–19 Uhr | Erw. 40 UAH | Alupkinskoje Schosse 52*

BOTANISCHER GARTEN NIKITA (NIKITSKIJ BOTANITSCHESKIJ SAD)

In dem prachtvollen alten Park von 1812 (6 km von Jalta) durchwandern Sie die Klimazonen von den Hängen des Krimgebirges bis ans Meer. Rosen, Oliven, Zypressen oder Mammutbäume – im subtropischen Klima gedeiht alles prächtig. Probieren Sie im *Museumscafé* exotische Früchte und Nüsse. *Von Jalta per Taxi oder Marschrutka 34*

LIWADIJA ★

Luftig-leicht und blendend weiß schwebt der Palast über dem Meer.

Im Februar 1945 legten Franklin Roosevelt, Winston Churchill und

Orchideen im Botanischen Garten

Josef Stalin auf der Jalta-Konferenz die Umrisse Nachkriegseuropas fest. Der Konferenztisch ist beim Rundgang zu sehen. 1911 im italienischen Stil errichtet, war Liwadija (5 km von Jalta) Sommersitz des letzten Zaren Nikolaus' II. Fotos und Möbel erinnern an das Leben der Romanows. Im Park beginnt der *Zarenpfad*, ein 6,7 km langer, leichter Wanderweg, der parallel zur Küste verläuft. *Do–Di 10–17 Uhr | von Jalta per Taxi (10 Min.) oder Marschrutka 27, 32 Ri. Alupka | zu Fuß 1 Std.*

MASSANDRA (WINNIJ SAWOD MASSANDRY)

Der Durst des Zaren bescherte dem kleinen Ort (7000 Ew., 2 km von

Jalta) das berühmteste Weingut der Krim. 1894 gründete Fürst Lew Golyzyn die Kellerei Massandra, um die Sommerresidenz in Liwadija zu

Woronzow-Palast: Löwen zieren die Anlage

versorgen. Der Wein wird auf neun Gütern entlang der Südküste produziert. Spezialität des Staatsweinguts sind schwere Portweine und süße Muskateller. Insider Tipp Mutige probieren sich durch ein Tablett unsagbar süßer Tropfen *(30 UAH für neun Sorten)*. Ausspucken ist dabei nicht vorgesehen. *Tgl. 11–20 Uhr | ul. Winodela Egorowa 9*

> www.marcopolo.de/ukraine

SCHWALBENNEST (LASTOTSCHKINO GNESDO)

Das berühmteste Postkartenmotiv der Südküste: Der deutsche Baron von Stengel, in Aserbaidschan mit Öl reich geworden, baute sich die kleine Ritterburg 1912 auf dem äußersten Ende des Kap Aj-Todor bei Gaspra (8 km von Jalta). 1927 stürzten Teile nach einem Erdbeben ins Meer. Reservieren Sie einen Tisch mit Aussicht im italienischen Restaurant *(Tel. 0654/23 75 71 | www.lastochka.com.ua | Marschrutka 27, 32 Ri. Alupka | €€€)*!

TSCHECHOW-MUSEUM (BELAJA DATSCHA TSCHECHOWA)

Die letzten Jahre vor seinem Tod lebte der tuberkulosekranke Anton Tschechow in seiner „Weißen Datscha". Hier entstanden „Der Kirschgarten" und „Die drei Schwestern" sowie die Erzählung „Die Dame mit dem Hündchen". Der Schriftsteller empfing auch die Kollegen Maxim Gorkij und Leo Tolstoi in der Sommerfrische. *Mi–So 10–17 Uhr | ul. Kirowa 112 | www.yalta.chekhov.com.ua | Trolleybus Nr. 1 oder Busse Nr. 8a, 17*

WORONZOW-PALAST (DWORJEZ WORONZOWA) ★

Das Schloss des Grafen Woronzow in Alupka (16 km von Jalta) hat zwei Gesichter: halb Tudor-Herrenhaus, halb maurischer Palast. Der Günstling von Zarin Katharina wuchs in England auf und schwärmte für das Inselreich. Schmuckstück des Anwesens (1828–48) ist der Speisesaal. Der britische Premier Winston Churchill wohnte während der Konferenz von Jalta hier. Finden Sie den Löwenkopf an der Treppe, der ihm ähnlich sieht? Am schönsten ist es im Park am Nachmittag, wenn die Touristenbusse wieder fort sind. Unterhalb des Teehauses liegt ein Strand. *Museum tgl. 9–17 Uhr | per Taxi oder Marschrutka 32 oder 26*

ESSEN & TRINKEN

APELSIN

Lichtdurchflutetes Promenadencafé. Nette Terrassenplätze vor Wasserspielen. Sushi, Suppen, Fleisch, Pasta und Salate. *Ul. Lenina 35a | Tel. 0654/227 30 48* | €€–€€€

HUTOROK LA MER

Russische und europäische Küche. Krimtatarische Spezialitäten. Mehrere Terrassen mit Meerblick. Abends Livejazz. *Ul. Swerdlova 9 | Tel. 0654/27 18 15* | €€€

SIAM PARADISE

Thaifood und Cocktails am Massandra-Strand. *Ul. Drashinskogo 31g | Tel. 0654/27 18 83* | €€

ÜBERNACHTEN

JALTA

Das Hotel (1140 Zi., 16 Etagen) versprüht noch Sowjetflair. Sieben Restaurants, Pool, Delphinarium und der Lift zum Privatstrand machen es zum Erlebnis. Kinderbetreuung. *Ul. Drashinskogo 50 | Tel. 0654/27 02 60 | www.hotel-yalta.com* | €–€€

PALMIRA PALACE

Wellnesstempel am Meer mit Park und Privatstrand (8 km vom Zentrum). 170 großzügige Zimmer, riesiges Spa-Center mit Pool (20 m) und vier Saunen. *Alupkinskoje Shosse 12a | Tel. 0654/27 53 21 | www.palmira-palace.com* | €€€

VILLA ELENA

In dem Haus mit der großbürgerlichen Fassade fuhr 1912 Jaltas erster Fahrstuhl. 22 Edel-Apartments, exklusiver Spabereich. Im Restaurant *Horatio* mediterrane Küche. *Ul. Krasnowa 2 | Tel. 0654/23 83 83 | www.villa.elena.com.ua* | €€€

> GROSSER BAHNHOF

Die Potemkinschen Dörfer lagen auf der Krim

Im Frühjahr 1787 wollte Zarin Katharina die Große die annektierten Gebiete besuchen und die Arbeit ihres Liebhabers, des Generalgouverneurs der Krim, Fürst Grigori Potjomkin, begutachten. Der hatte die Reiseroute bestens präpariert: Entlang der Strecke nach Sewastopol ließ Potjomkin hölzerne Paläste errichten. Alle 10 km stand ein Obelisk zu Ehren der Kaiserin. Einer blieb vor dem Palast der Krim-Khane in Bachtschisaraj erhalten. Bald argwöhnten mitreisende Diplomaten, Potjomkin wolle die Kaiserin mit der perfekt inszenierten Reise wohl nur zu neuen Eroberungen anstacheln. Ein besonders missgünstiger sächsischer Gesandter verbreitete in St. Petersburg das Gerücht, Potjomkin habe Pappdörfer und Attrappen aufgebaut und die gleichen Bauern und Viehherden von einem Ort zum anderen gebracht. Bis heute spricht man von „Potemkinschen Dörfern", wenn es um das Vorspiegeln falscher Tatsachen geht.

WREMENA GODA

Familiäres Haus in ruhiger Hanglage, wenige Minuten zum Strand. 56 einfache Zimmer, Wellness- und Beautyangebote, schönes Hallenbad (16 m), kostenloser Bus zum Privatstrand. *Ul. Rudanskogo 23 | Tel. 0654/23 79 35 | www.hotel-seasons.com.ua | €€*

STRÄNDE

Die beiden öffentlichen Kiesstrände *Primorskij* und *Massandra* sind in der Hochsaison überlaufen. Etwas Luft zum Nebenmann verschaffen Sie sich an einem der privaten Abschnitte, wo Sie Liegen, Sonnenschirm und Dusche mieten (50 UAH/Tag). Weitere Strände in *Nikita* und *Gursuf, Liwadija, Mischor* und *Alupka*. Insider Tipp Linienboote starten vom Anleger am Hafen – eine bequeme und luftige Alternative zum Auto.

AM ABEND

Das Nachtleben konzentriert sich an der Uferpromenade, zum Beispiel im hippen ▶▶ *Cristall-Club* mit gläserner Rotunde. Hervorragende *armenische Restaurantterrasse (ul. Lenina 31b | €€)*. Den höchsten Glamourfaktor mit Stars und Sternchen bietet das *Matrix* im Hotel Oreanda.

ZIELE IN DER UMGEBUNG

ALUSCHTA [132 B6]

Der zweitgrößte Badeort der Südküste (35 000 Ew., 37 km von Jalta). Aktivurlauber starten von hier in das Demerdshi-Massiv. Entdecken Sie die geheimnisvollen Steinsäulen im Insider Tipp *Tal der Geister*. Ein ca. 5 km langer gekennzeichneter Wanderweg zum *Jekaterinengipfel* (1200 m) beginnt im Dorf *Lutschistoje (Bus oder Taxi von Aluschta)*. Übernachten Sie im *Radisson SAS Resort*, dem besten Hotel an der Südküste. Die weiße Villa von 1913 bietet 63 geschmackvolle Zimmer mit großzügigen Veranden zum Meer. Frühstück und Dinner auf der Terrasse. Großer Pool und Privatstrand am Haus *(ul. Lenina 2 | Tel. 06560/262 26 | www.radissonsas.com | €€€)*. Eine schöne Alternative ist die *Villa Argo* in Maloretschenskoje (30 Min. von Aluschta). 36 Zimmer mit Balkon, Wellnessbereich, Fitnessraum, Pool, 400 m entfernt vom Kiesstrand *(ul. Winogradnaja 18 | Tel. 06560/231 19 | www.hotel-argo.com | €€)*. In den Fischerorten *Solnitschnogorskoje, Rybatchje* oder *Morskoje* an der Straße nach Sudak können Sie baden, günstig privat übernachten oder zelten.

GROSSER KRIM-CANYON (BOLSCHOIJ KRIMSKIJ KANJON) [132 B6]

Der Einstieg in die Schlucht liegt 4 km südlich der Ortschaft Sokolinoje (30 km von Jalta). Der steinige Pfad führt vorbei an bewaldeten Felswänden zum *„Bad der Jugend"*. Im eiskalten See können Sie sich erfrischen. Planen Sie ca. 4 Stunden Gehzeit von Sokolinoje (400 Höhenmeter). Bis zum Ende des Canyons (Kletterabschnitte) sollten Sie nur in Begleitung eines Führers wandern (in der Saison trifft man Führer am Schluchteingang an).

GURSUF [132 B6]

Im Jahr 1900 kaufte sich Anton Tschechow in Gursuf (9300 Ew., 16 km von Jalta) das kleine *Sommerhaus* am Meer *(Mi–So | ul. Tschechowa 22)*. Genießen Sie den Blick auf den sagenumwobenen Bärenberg Ai-Dag (577 m) aus erstarrter Magma. Im Pionierlager Artjek traten Generationen sowjetischer Kinder zum organisierten Ferienspaß an. Es finden immer noch Sommerlager statt. Baden können Sie an Gursufs Stränden.

Beliebt und überlaufen: der Strand von Massandra

MARMORHÖHLE (MRAMORNIJE PESCHTSCHERY) [132 B6]

Im Karstgestein der Krim sind fast 900 Höhlen bekannt. Die größte und schönste Tropfsteinhöhle wurde erst 1987 am nordwestlichen Hang des Chatyr-dag-Massivs entdeckt. Sie erreichen die Marmorhöhle mit dem Auto von Mramornoje (60 km von Jalta) oder nach einer 6 km langen Wanderung vom Nachbardorf Perewalnoje. Die effektvoll beleuchteten Säle mit bizarren Tropfsteinformationen erkunden Sie auf einer Führung. Nehmen Sie eine Jacke mit! Über Reisebüros in Jalta können Sie auch eine Expedition in schwerer zugängliche Abschnitte buchen *(3,5 Std., ca. 13 Euro mit Ausrüstung)*.

SUDAK ★ [132 C6]

In dem Badeort im Osten (36 000 Ew., 77 km von Jalta) der Krim wachsen Wehrtürme in den Himmel: Genues Händler erbauten im 14. Jh. die *Festung* mit 14 wuchtigen Türmen und schier endlosen Mauerringen, um das Ende der Seidenstraße zu schützen. Die Anlage liegt unbezwingbar über dem Meer *(tgl. 9–21 Uhr | 30 UAH | ul. Genueskaja)*. Auf dem Friedhof gegenüber dem Parkplatz finden sich *Gräber deutscher Kolonisten* aus dem 19. Jh. Falls Sie nicht an die Südküste nach Jalta zurückkehren: Übernachten können Sie im Hotel *Forum*. Die 52 Zimmer bieten ansprechenden Komfort. Der Service ist noch etwas sowjetisch. Restaurant, Internetplätze und Fitnessraum, 15 Min. bis zum Strand *(ul. Lenina 88 | Tel. 06566/ 338 76 | www.hotel-forum.crimea.com | €)*. Das elegante *Alije Parusa (pr. Ajwasowskogo 47b | Tel. 06562/ 295 29 | info@otdih.com.ua | €€–€€€)* mit 53 komfortablen Zimmern lohnt die einstündige Weiterreise nach *Feodossia*.

ODESSA

[130 C3] **Hoch über der Bucht flanieren die Odessiter auf dem Primorsky Bulwar unter schattigen Platanen. Von unten dringen die Geräusche des Hafens ans Ohr.** Das schachbrettförmig angelegte Zentrum mit Boulevards, Alleen und geheimnisvollen Hinterhöfen verführt zum Herumstreifen. Strände, Sonne und das milde Klima lassen einen das Leben hier leichter nehmen. Zarin Katharina die Große ließ Odessa 1794 anlegen, weil sie einen Schwarzmeerhafen für ihr Riesenreich benötigte. Unter Statthalter Armand de Richelieu blühte die Stadt auf. Italiener entwarfen die Paläste. Griechen betrieben Schifffahrt, Deutsche bauten Weizen an. Es entstand das bedeutendste jüdische Zentrum im Zarenreich – die Keimzelle des berühmten Humors: knapp, ironisch, unverblümt. Kein Wunder, dass totalitären Machthabern Odessa (1 Mio. Ew.) stets verhasst war.

SEHENSWERTES

DERIBASOWSKAJA

Im Stadtgarten stellen Künstler ihre Werke aus. Fotografen locken mit

Odessas Hafen ist ein wichtiger Umschlagplatz für die Industrie der Ukraine

exotischen Tieren Kunden. Die Deribasowskaja ist Fußgängerzone, Caféterrasse und Spaziermeile. Ihren Namen hat die Straße von Admiral José De Ribas (1749–1800), der 1789 die türkische Festung eroberte, die sich an der Stelle des heutigen Odessa befand. Sein Denkmal steht am stilleren Ende der Straße.

HAFEN (PORT)

Seit 2005 betreibt ein Tochterunternehmen des Hamburger Hafens das Terminal. Jährlich werden rund 250 000 Container abgefertigt. Am Passagierhafen legen Kreuzfahrtschiffe an. Hier starten im Sommer Boote zu den Stränden. Ausflugsboote folgen auf einer ca. einstündigen Tour einem Rundweg entlang der Küste *(stdl. | 50 UAH). Ul. Primorskaja | www.port.odessa.ua*

KATAKOMBEN (KATAKOMBY)

Über 1000 km Länge erstrecken sich die verzweigten Tunnel, aus denen man im 19. Jh. Sandstein gewann. Im Zweiten Weltkrieg versteckten sich Partisanen in den Höhlen und kämpften von hier aus gegen die Deutschen. Zweistündige Touren zum unterirdischen *Partisanenmuseum Nerubajske* (13 km nördl.) starten vom Bahnhof. *Ca. 100 UAH inkl. Eintritt | Tel. 0482/ 38 78 16*

KATHARINENDENKMAL (PAMJATNIK JEKATERINE)

Odessas Stadtgründerin steht erst seit 2007 wieder auf ihrem Sockel. Katharina II. wurde als preußische Prinzessin Sophie Friederike Auguste von Anhalt-Zerbst geboren. Von 1762 bis 1796 war sie russische Zarin. Ukrainischen Nationalisten ist die Statue ein Dorn im Auge. *Ul. Jekaterinskaja*

KUJALNIK-SALZSEE (SOLANOJE OSERO KUJALNIK)

Insider Tipp

Heilsame Mondlandschaft an der Küste. Der Schlamm hilft gegen Entzündungen und stärkt das Immunsystem. Einige Strandabschnitte sind öffentlich zugänglich. Die Wassertemperatur liegt im Sommer zwischen 28 und 30 °C. In Kujalnik existieren noch einige Sanatorien z. B. das *Pirogowa (http://odecca.ru/sanatorium_kuyalnik.shtm). Anreise: Mit Marschrutka oder Bus 110 vom Bahnhof (13 km nordwestlich).*

MOLDAWANKA

Niedrige Häuser, verwunschene Hinterhöfe, verblichene Schönheit und Verfall: Wer das alte jüdische Odessa sucht, muss in die Moldawanka gehen. In dem Arme-Leute-Viertel lebten bis zum Zweiten Weltkrieg viele Juden. Spazieren Sie auf den Spuren von Isaak Babels Gangsterkönig Venja Krik vom Holocaust-Mahnmal am Prochorowskiy Skwer durch das Quartier nördlich der ul. Rasumowskaja. Rund um den Starokonnij-Markt (ul. Raskidajlowskaja) ist am Wochenende *Flohmarkt.*

OPERNHAUS (OPERNIJ TEATR) ★

Seit der Sanierung 2007 sichern 1800 Pfähle das Opernhaus vor dem Abrutschen. Den Entwurf lieferten die Wiener Architekten Ferdinand Fellner und Hermann Helmer. Bei der Eröffnung 1887 galt die elektrische Beleuchtung als besonders innovativ. Die barocke Pracht in den Foyers und dem Zuschauersaal können Sie während der preisgünstigen Aufführungen bewundern (1507 Plätze). *Kasse Di–So 11–18 Uhr | Karten 25–100 UAH | per. Tschajkowskogo 1 | www.opera-ballet.tm.odessa.ua*

m. Von unten wirkt sie majestätischer. Leider schmälern die Straße, Werbetafeln und Hafenterminal den Gesamteindruck. 1955 wurde die Richelieu-Treppe (erb. 1837–41) umbenannt in

Die Potjomkinsche Treppe führt vom Stadtzentrum zum Hafen – oder umgekehrt

Erinnerung an die Meuterei auf dem gleichnamigen Panzerkreuzer (1905). Bekannt machte sie eine Schlüsselszene in Sergej Eisensteins Film „Panzerkreuzer Potjomkin" von 1925, in der ein Kinderwagen die Treppe hinunterrollt. Seit über 100 Jahren fährt parallel zu den Stufen eine Drahtseilbahn. *Primorsky bul./ul. Jekatarininskaja*

PASSAGE

Gläserne Oberlichter und die Mosaikdecken im Durchgang versprühen einen Hauch Mailand. Die Passage wurde 1898/99 von den Odessaer Opernarchitekten verschwenderisch mit Skulpturen geschmückt. Heute schlummert sie im Dornröschenschlaf. *Ecke ul. Deribasowskaja/ul. Preobraschenskaja*

POTJOMKINSCHE TREPPE (POTJOMKINSKIE STUPENI) ★

192 Stufen bis zum Meer. Am Fuß ist die Treppe 21 m breit, oben nur rund 13

PRIMORSKY BULWAR

Odessas eleganteste Promenade: Flanieren Sie vom Rathaus mit Puschkindenkmal vorbei an Empirefassaden und der Statue für den ersten

Bürgermeister Richelieu zum *Sommerpalast* des Grafen Woronzow mit dem romantischen Säulengang.

SIEBTER KILOMETER (SIEDMOJ KILOMETR)
Exakt 7 km vor der Stadt liegt einer der größten Märkte Osteuropas. 150 000 Käufer schieben sich täglich durch die 70 ha Freiluft-Ladenstraßen, auf der Jagd nach Schnäppchen: von der „Rolex" made in China bis zum Brautkleid *(Sa–Do)*. Nehmen Sie eine Marschrutka.

ESSEN & TRINKEN

DATSCHA
Die Badewanne zwischen den Tischen und die Schaukel im Garten erinnern an den Sommer auf dem Land. Gegrillt wird auf offenem Feuer. *Franzuskij bul. 85 (auf dem Gelände des Sanatoriums) | Gebäude 15 | Tel. 048/714 31 19 |* €€

KOLUMBUS
Austern, Hummer, Sushi – im Sommer lässt sich ganz Odessa die edle Fischküche mit Blick aufs Meer munden. *9. Abschnitt von Bolschoj Fontan | Tel. 048/700 54 59 | www.columbus-odessa.com.ua |* €€€

KOMPOT
Weiße Kacheln und alte Stuckdecken verbreiten Bistroatmosphäre. Moderne, leichte Gerichte. Der schönste Frühstücksplatz der Stadt. *Ul. Deribasowskaja 20 | Tel. 048/728 77 75 | www.compot.ua |* €€

ZARA PIZZARA
Pizzeria im Loftstil. Offene Küche mit Steinofen. Gute Antipasti und Seafood-Pasta. Blaubeerblinis und Caffè Latte schmecken mit Blick auf die Oper am besten. *Ul. Richeljewskaja 5 | Tel. 048/728 88 88 |* €€

EINKAUFEN

AFINA-CENTER
Glitzernde Shoppingmall auf sieben Etagen, Parfümerien und Boutiquen. Im UG Restaurantzone. *Tgl. 10–21 Uhr | ul. Gretzka 3/4*

BANDEROL
In der Miniboutique mit Cafékneipe verkaufen junge Designer selbst genähte Taschen und Accessoires. *Tgl. 11–23 Uhr | per. Vize-Admirala Shukowa 4/1*

PRIWOS
Vorsicht, fliegende Fische: Auf Odessas Lebensmittelmarkt werfen sich die streitenden Fischweiber nicht nur Schimpfworte an den Kopf. Echt odessitisches Lebensgefühl! *Tgl. | ul. Prywosna 14 | Nähe Hauptbahnhof*

SNOB
Die Designerin Oksana Karawanska arbeitet assoziativ mit östlichen Trends. Für ihre Kollektionen verwendet sie handgewebte und gestrickte Stoffe. *Ul. Ekaterininskaja 34/36 | Tel. 048/722 65 57*

ÜBERNACHTEN

APARTMENTS
Büro im 7. Stock des Afina-Centers *(ul. Gretzka 3/4)*. Ab 5 Nächten inkl. Transfer. Interaktiver Stadtplan auf *www.odessaapts.com.* €–€€€

LERMONTOWSKIJ
Neubau in ruhiger Gegend am Rand des Zentrums. Die 33 Zimmer sind

hell und modern. Zum Landscheron-Strand 10 Min. *Lermontowskij per. 2 | Tel. 048/717 78 77 | www.lermontovskiy.com.ua* | €–€€

Insider Tipp

ODESSKIJ DWORIK

Apartmenthotel im Hinterhof. Geräumige Zimmer und große Bäder. Freitags Livekonzerte im *Jazzcafé. Ul. Uspenskaja 19 | Tel. 048/777 72 71 | www.od-dvorik.od.ua* | €€

OKTJABRSKAJA

In ruhiger Lage am Rand der Innenstadt. 57 teils renovierte Zimmer. Uninspirierte Einrichtung, aber schöne, hohe Stuckdecken. *Ul. Kanatna 31 | Tel. 048/728 88 63 | www.oktyabrskaya.in.ua* | €–€€

OTRADA

Purer Luxus 5 Min. vom Meer: Großbürgervilla mit 26 Zimmern. Im Deluxeapartment mit Piano und Jacuzzi hat auch Julia Timoschenko übernachtet. Pool, Hausstrand. Im Restaurant gehobene norditalienische Küche. *Ul. Ujutnaja 11 | Tel. 0482/33 06 98 | www.hotel-otrada.com* | €€€

STRÄNDE

Leider ist das Wasser nicht immer sauber, trotzdem wird überall gebadet. Der kürzeste Fußweg ans Meer führt durch den Schewtschenko-Park: der Strand von *Lansheron* ist betoniert. Spazieren Sie 15 Min. weiter nach *Otrada* und mieten Sie Sonnenschirm und Liege (ca. 4,50 Euro). Noch etwas weiter südlich folgen *Delphin* und *Arkadia*. Insider Tipp In den Freiluftdiskos und Clubs von Arkadia feiert die Odessiter Jugend. Populär sind *Ibiza* und *Itaka (Mai–Sept.). Vom Zentrum per Taxi in 15 Min. oder mit Tram Nr. 5 vom Bahnhof.* Hinter Arkadia beginnen die Strandabschnitte *Bolschoj Fontan* (Großer Brunnen): Sie sind durchnummeriert (7–16) und heißen auf manchen Plänen auch Tschaika, Riviera, Atlanta, Kurortnij und Zolotoj Bereg. *Tram Nr. 17, 18 oder 19*

AM ABEND

Ë

Das „Jo“ ist eine Großdisko mit entspannter Atmosphäre. Auf zwei Tanzflächen wird zu Salsa und russischen Schlagern gefeiert. *Fr u. Sa ab 21 Uhr | Polskij Spusk 15*

PALLADIUM

Feste Größe im Nachtleben: Bars, Disko, R-'n'-B-Club und Bühne für Livekonzerte von Popstars. *Rund um die Uhr geöffnet | Italianskij bul. 4 | www.hotel-palladium.com.ua*

PHILHARMONIE

Die Fassade im Neorenaissancestil von 1898 erinnert an Florenz. Konzerte des Philharmonie-Orchesters, Kammermusik, Salsaclub Bernardazzi. *Kasse tgl. 10–18 Uhr | ul. Bunina 15 | Tel. 048/725 69 03*

SCHKAF

In der Bierkneipe „Schrank“ grüßen Lenin und Breshnew von der Wand. Bei mangelnden Russischkenntnissen hilft der deutsche Barmann Erik weiter. *Ul. Deribasowskaja 14 | durch die Holztür in den Keller*

TCHAJNIJ DOMIK

Die kleine, aber aktive Tangoszene trifft sich samstags ab 19 Uhr zur

Milonga in der Teestube Tchajnij Domik. Im Sommer werden die Tangoabende spontan unter den Sternenhimmel verlegt. *Ul. Pastera 52 | Tel. 0482/33 03 60 | www.tocatango.od.ua*

ZIEL IN DER UMGEBUNG

WILKOWO ★ [130 B5]

Riesige Schilfflächen, durchzogen von trägen Flussarmen, aus denen überwuchertes Schwemmland herausragt: Südwestlich von Odessa fließt die Donau ins Schwarze Meer. Die Inseln und Seen, Auwälder und Dünen im Delta sind ein einzigartiger Lebensraum für seltene Tiere und Pflanzen. Wegen seiner Artenvielfalt steht es auf der Weltnaturerbeliste der Unesco. Der größere Teil des Deltas liegt in Rumänien. Zentrum des ukrainischen Teils des Biosphärenreservats ist der Ort Wilkowo (10 000 Ew., 180 km von Odessa), der von Kanälen und Bächen durchzogen ist. Stege und Brücken verbinden die Inselchen miteinander, Boote dienen als Hauptverkehrsmittel.

Viele Einwohner sind Nachkommen der Lippowaner, auch „Altgläubige“ genannt: orthodoxe Christen, die im 17. Jh. bestimmte Kirchenreformen ablehnten und dafür verfolgt wurden. Fahren Sie im traditionellen Holzkahn zum Vögelbeobachten durchs Delta und zum Kilometer 0 an der Donaumündung – Badestopps inklusive. Danach picknicken Sie auf einer der Inseln. Touren von Odessa, auf Wunsch mit Übernachtung, organisiert z. B. *Salix Ecotours | ab 90 Euro/Person | ul. Torgowaja 14 | Tel. 048/799 07 96 | www.salix.od.ua*. Andere Anbieter über Hotels oder vor dem Bahnhof.

Ein Besuch bei der Nachbarin? Im Donaudelta muss man dazu ins Boot steigen

SEWASTOPOL

[132 A6] ★ **An vielen weißen Prachtbauten weht selbstbewusst die russische Fahne – nirgendwo fühlt sich die Krim russischer an als in Sewastopol (380 000 Ew.).** Der Heimathafen der viel besungenen Schwarzmeerflotte war stets umkämpft, vom Krimkrieg bis zur Belagerung durch die deutsche Wehrmacht. Bis Anfang der 90er-Jahre durften nur Militärangehörige Sewastopol betreten.

Gegenüber dem *Flottenmuseum (ul. Lenina 11)* grüßt Katharina II. von ihrem Sockel. Alte Damen in Blümchenkleidern posieren vor der *Statue der Zarin*, die 1783 die Stadt als Flottenstützpunkt gründete. Auf der Großen Meeresstraße *(ul. Bolschaja Morskaja)* flirten russische Matrosen mit kichernden Mädchen. Offiziere in Uniform eilen durch den *Park* am *pr. Nachimowa*. An dessen Ende bewachen Schüler in Uniform das *Mahnmal der sowjetischen Heldenstädte (pl. Nachimowa)*. Die Schiffe der Schwarzmeerflotte wurden 1991 zwischen der Ukraine und Russland aufgeteilt. Bis 2017 darf die russische Marine den Hafen mit den 30 Buchten nutzen. Um eine Verlängerung des Pachtvertrags wird gestritten. Drei Viertel der Einwohner sind Russen, viele arbeiten bei der Flotte. Für sie bleibt Sewastopol eine

Dieser antik wirkende Rundbau beherbergt nur ein Bild: das Krimkriegs-Panorama

russische Stadt. Die Regierung in Kiew sieht das naturgemäß etwas anders. Trotzdem wirken die Menschen entspannt – kein Wunder bei fast 300 Sonnentagen im Jahr.

SEHENSWERTES

CHERSONES

Ein faszinierender Ruinenspaziergang erwartet Sie in der antiken griechischen Siedlung Chersones am Kap von Sewastopol. Reste von Wohnhäusern aus dem 5. Jh. v. Chr., Tempel, der Münzhof, das Amphitheater und Teile der Befestigungsanlagen sind freigelegt. Viele Funde wurden im *Archäologischen Museum* auf dem Gelände dokumentiert. Die orthodoxe Kirche erinnert daran, dass der Kiewer Großfürst Wolodymir 988 hier getauft wurde, bevor er die Rus zum Christentum führte. Die Nebelglocke wurde aus türkischen Beutekanonen gegossen. Bringen Sie Schwimmzeug mit: Unterhalb der antiken Stätten liegt ein *Strand. Tgl. 8–20 Uhr, Führungen | ul. Drewnjaja 1 | Tel. 0692/24 13 01 | www.chersonesos.org | Taxi oder Trolleybus 6 und 10 (bis zur Haltestelle Dmitrija Uljanowa), dann 10 Min. Fußmarsch*

HAFENRUNDFAHRT

Den besten Blick auf die Fregatten und U-Boote erhaschen Sie bei einer Bootsrundfahrt. Die Ausflugsschiffe legen am Südufer der Artilleriebucht ab *(ca. 2,50–5 Euro)*. Falls gerade keines fährt: Per Fähre kommen Sie günstig auf die Nordseite der Bucht *(alle 30 Min., 0,10–0,20 Euro)*. Die *Adlersäule*, an der Sie vorbeischippern, erinnert an die 1854 im Krimkrieg absichtlich in der Bucht versenkten Schiffe. Sie sollten den Angreifern den Weg versperren.

KRIMKRIEGS-PANORAMA (PANORAMA KRIMSKOJ WOJNY)

Das 115 m lange und 14 m hohe Rundgemälde zeigt anschaulich die Kämpfe zwischen den französischen und englischen Verbündeten und den russischen Verteidigern im Jahr 1854/55. Die Rotunde, die mit Heldenbüsten geschmückt ist, steht auf einer der Bastionen des Krimkriegs (1853–56). *Di–So 9.30–17.30 Uhr | Istoritschnij bul.*

ESSEN & TRINKEN

In der Artilleriebucht reiht sich eine Restaurantterrasse an die nächste. Sie haben die Wahl zwischen Fisch und Grillfleisch, im *Pasta Rest (€€)* zwischen Sushi und Italienischem.

PRIMORSKIJ BULWAR

Insider Tipp

Sewastopols feinste Dinneradresse zelebriert gehobene Kochkunst unter Kristalllüstern. Die Inhaberin stand für Julia Timoschenko am Herd, bevor sie ihr Restaurant mit traumhaftem Blick über die Bucht eröffnete. Auf der Barterrasse direkt am Kai geht es legerer zu. *Pr. Nachimowa 2a | Tel. 0692/54 57 60* | €€€

RYBAZKIJ STAN

Am äußersten Ende der Artilleriebucht kommt fangfrischer Schwarzmeerfisch auf den Tisch. Große Auswahl an Meeresfrüchten. Auf dem hölzernen Terrassendeck weht eine angenehme Brise. Eine Etage höher ist eine hippe ▶▶ Lounge eingerichtet. *Ul. Klokatschewa 15 | Tel. 0692/55 72 78* | €€€

TRAKTIR 1854
Historische Stiche und Bootsmodelle erinnern an den Krimkrieg. An Holztischen servieren Kellnerinnen in Matrosenuniform russische Wirtshausküche. Guter Kwas. Sommerterrasse. *Ul. Bolschaja Morskaja 8* | €

ÜBERNACHTEN

SEWASTOPOL
Restaurierter Stalinbau mit neoklassizistischer Fassade. 106 Zimmer mit Klimaanlage, viele mit Terrasse. Auf der Veranda frühstücken Sie mit Blick auf die Bucht. Sehr zentral. *Pr. Nachimowa 8* | *Tel. 0692/53 90 60* | *www.sevastopol-hotel.com.ua* | €€

UKRAINA
Am Südende der Innenstadt, erbaut 1963. Die 73 Zimmer sind zum größten Teil renoviert. Etwas dunkler Frühstücksraum. *Ul. Gogolja 2* | *Tel. 0692/54 03 98* | *office@ukraine-hotel.com.ua* | €–€€

STRÄNDE

Im Stadtzentrum liegen betonierte Strandabschnitte. Sauberer ist das Wasser am *Utschkuewka-Strand* im Norden Sewastopols. Ausflugsboote bringen Sie von der Artilleriebucht aus hin.

AM ABEND

Nachts lässt das Wummern der Diskos und Clubs die Mole der Artilleriebucht beben. An den Kais geben lokale Bands Freiluftkonzerte. Wer zu wild mitgetanzt hat, nimmt an der Adlersäule ein Bad im Mondschein. Reihen Sie sich ein in den Strom der jungen Flaneure.

ZIELE IN DER UMGEBUNG

BALAKLAWA ★ [132 B6]
Balaklawa (9000 Ew., eine halbe Autostunde entfernt) liegt versteckt zwischen hohen Felsen am Ufer einer langen Bucht. An der Hafenpromenade haben kleine Restaurants und

An der Hafenpromenade zeigt sich Balaklawa friedlich und entspannt

Bars eröffnet. Den besten Fisch serviert *Rybnyji (pl. Perwogo Maja | Tel. 0692/53 58 34 | €€)*. Vom Yachthafen bringen Sie Boote zum Baden aufs offene Meer *(ca. 150 UAH/Std.)*. Tauchexkursionen vermittelt *Aquamarin (ul. Nazukina 5 | Tel. 0692/ 63 72 52 | http://voliga.ru/ENG)*.

Genießen Sie den Blick auf die Bucht von den Überresten der *Genueser Festung (Genueskaja Krepost)* aus dem 14. Jh. auf dem Hügel. Sie bewegen sich auf geschichtsträchtigem Boden: Schon Homer erwähnt den Ort in der Odyssee. Hier spielt das Stück „Iphigenie auf Tauris“ von Euripides oder Goethe. Die türkischen Eroberer (1475) nannten die Bucht Balyk-Juwe („Nest der Fische“). Bis 1995 war die Stadt für Zivilisten abgeriegelt. Ab Anfang der 50er-Jahre ließ Stalin im Taurisberg einen *Bunker* anlegen, der als U-Boot-Hangar und Lager für Atomsprengköpfe diente *(Werf podwodnich lodok)*. Meterdicke Stahltüren und schummrig beleuchtete Stollen geben eine grandiose Kulisse für jeden Agententhriller ab *(Di–So 10–17 Uhr | Besichtigung nur mit Führung, 25 UAH | ul. Mramorna 1 | Tel. 0692/93 31 06)*. Übernachten Sie im modernen Hotel *Dakkar Resort* mit 22 hellen, geräumigen Zimmern *(ul. Kalitscha 16 | Tel. 0692/63 77 63 | info@dakkar-resort.com | €€)*. *Von Sewastopol mit Bus oder Marschrutka (umsteigen am Markt „5. Kilometer“/Pjatij kilometr) oder per Taxi*

FOROS [132 B6]

Der Ausblick lohnt den Stopp auf dem Weg nach Jalta: 400 m über dem Meer thront die *Auferstehungskirche (Zerkow Woskresenija)* auf dem Roten Felsen. Teehändler Kusnezow stiftete das Kirchlein 1892, weil Zar Alexander III. ein Zugunglück überlebt hatte. Tief unterhalb der Kirche wurde im August 1991 Weltgeschichte geschrieben: Dort liegt die Regierungsdatscha, in der Michail Gorbatschow während des Putsches in Moskau tagelang vom KGB festgehalten wurde. Der Komplex ist nicht zugänglich. Von der Straße aus sind nur die spitzen roten Dächer zwischen Bäumen zu erkennen. *46 km südl. von Sewastopol*

INKERMAN

Am Ende der Großen Bucht von Sewastopol sind die Kalksteinfelsen löchrig wie Schweizer Käse. Nach dem Zweiten Weltkrieg brauchte man die Steine aus Inkerman (10 000 Ew.) für den Wiederaufbau. In den Stollen legte man Weinkeller an. Seit 1961 produziert *Inkerman* hier 35 Weinsorten *(Firmenladen: ul. Malinovski 20)*. Auf den Etiketten sind die Reste der *Festung Kalamita* aus dem 15. Jh. zu sehen, die heute über der Stadt aufragen. Unterhalb der Ruinen lugen zwei Erker aus dem Felsen. Insider Tipp Unter den grünen Kuppeln hängen die Glocken des *Clemens-Höhlenklosters (Petscherskij Monastyr Swjatogo Klemensa)*. Der Legende nach floh Bischof Clemens während der Christenverfolgung im 1. Jh. aus Rom hierher. Byzantinische Mönche schlugen im 8. Jh. Wohn- und Bethöhlen in den Felsen. Seit 1992 ist das Kloster wieder von Mönchen bewohnt. *Tgl. 9–13 u. 14–17 Uhr | 15 Min. mit Bus oder Taxi von Sewastopol oder per Fähre*

> HERZ AUS KOHLE UND STAHL

Sowjetarchitektur und pulsierende Millionenmetropolen im Osten

> Im Osten schlägt das industrielle Herz des Landes. Die Menschen schuften in den veralteten Kohlegruben und Eisenhütten des Donezbeckens. Umweltschutz und Sicherheit rücken nur langsam ins Bewusstsein. Einstweilen bilden die Kokereien und Stahlwerke das wirtschaftliche Rückgrat. Die Arbeiter wissen das – und sind stolz darauf.

Die Millionenstädte im Osten vibrieren. Fußball und Kohle bilden im Donbass eine Einheit. Im Finanzzentrum Dnipropetrowsk drehen sich die Baukräne. Und Charkiws Sowjetpomp ist ein Muss für Architekturfans.

CHARKIW

[128 B–C3] **Stahlbeton und Jugendstil, Parks und Trabantenstädte, eine lebendige Clubszene – immer mehr junge Leute, Intellektuelle und Schriftsteller ziehen den quirligen Underdog der Hauptstadt Kiew vor.** Charkiw ist keine Schönheit.

Bild: Kathedrale der Verklärung Christi in Dnipropetrowsk

DER OSTEN

Trotzdem strahlt die zweitgrößte Stadt der Ukraine (1,6 Mio. Ew.) viel Energie aus.

SEHENSWERTES

FREIHEITSPLATZ (PLOSCHTSCHAD SWOBODY) ★

Was für eine gewaltige Steinwüste! Blickfang am definitiv größten Platz Europas (12 ha) ist das imposante, dreiteilige *Derschprom-Gebäude* der staatlichen Industrie (1929), eine Ikone des Konstruktivismus. In den Nachbargebäuden sitzen die Universität und das Stadtparlament. Rundum tost der Verkehr in doppelter Autobahnbreite. In der Mitte des Platzes wacht Genosse Lenin. Folgen Sie seiner ausgestreckten Hand in den *Schewtschenko-Park*, Charkiws größtes Freiluftcafé mit Zoo. Am anderen Ende stößt die Grünanlage an die *Einkaufsmeile ul. Sumskaja. Metro: Universitet/Derschprom*

Charkiw ist keine klassische Schönheit und doch eine attraktive Stadt für junge Leute

VERFASSUNGSPLATZ (PLOSCHTSCHAD KONSTITUZIJI)
Hinter dem roten Granitdenkmal für die Oktoberrevolution leuchten die barocken Kuppeln des Mariä-Schutz-Klosters. In der *Kirche* mit dem schlanken, hohen Glockenturm gegenüber finden Konzerte statt. *www.filarmonia.kharkov.ua | Metro: Istoritschni Musej/Radianskaja*

ESSEN & TRINKEN

BUCHARA
Edel designter Usbeke. Hervorragendes Lamm. Terrasse. *Ul. Puschkinskaja 32 | Tel. 057/716 20 45 |* €€€

MAFIA
Pizza und Pasta beim familiären Italiener. Fr, Sa 23–6 Uhr Disko. *Ul. Kwitki Osnowjanenko 7 | Tel. 057/752 03 30 | Metro: Radianskaja |* €–€€

STARGOROD
Ukrainisches zum selbst gebrauten Bier. Abends Livemusik oder Sportübertragungen. *Ul. Lermontowskaja 7 | Tel. 057/700 90 30 | www.stargorod.net | Metro: Puschkinska |* €€

EINKAUFEN

BARABASCHOWA-MARKT (BARABASCHKA)
Einer der größten Freiluftbasare Osteuropas. Montag und Donnerstag ab 16 Uhr Nachtmarkt: feilschen bis zum Morgengrauen. *Metro: Akademika Barabaschowa*

ÜBERNACHTEN

AURORA
Businesshotel. 37 moderne Zimmer, Bar, Restaurant und Zigarrenlounge. *Ul. Artema 10/12 | Tel. 057/752 40 40 | www.hotel-aurora.com.ua |* €€–€€€

CHICHIKOV
57 komfortable Zimmer, ruhig und zentral gelegen, sehr gutes italienisch-französisches Restaurant *(€€). Ul. Gogola 6/8 | Tel. 057/752 23 00 | www.chichikov-hotel.com.ua |* €€

AM ABEND

AGATHA
Alternativer Kellerclub, in dem täglich Livekonzerte (Folk, Jazz) stattfinden. *Ul. Rewoluziji 11 | www.agatha-kharkov.ua*

FASHION
In der schicken Loungebar startet das betuchte Partyvolk in die Nacht. *Ul. Universitetskaja 16 | www.fashion.kh.ua*

JAZZTER
Täglich Livejazz und Blues in etwas unterkühltem Ambiente. Sonntags Salsaparty. *Per. Teatralnij 11/13*

ZIEL IN DER UMGEBUNG

POLTAWA [128 A4]
Nach dem Vorbild St. Petersburgs wurde Poltawa (320000 Ew, 125 km von Charkiw) Anfang des 19. Jhs. zur Garnisonsstadt ausgebaut. Etwas außerhalb der Stadt wurde 1709 blutig Geschichte geschrieben. Der russische Zar Peter der Große besiegte Schwedenkönig Karl XII. und dessen Verbündeten, den ukrainischen Kosakenführer Iwan Masepa. In der Folge stieg Russland zur Großmacht auf. Das *Museum (Di–So 9–17 Uhr, dt. Führungen | wul. Schwedska Mohyla 32 | Tel. 0532/52 74 27)* zeigt den Frontverlauf, Porträts, Waffen und Rüstungen. Vor dem Museum blickt Peters Standbild auf den Ehrenhügel für die Gefallenen. Auf dem Schlachtfeld wurden Stellungen nachgebaut.

Heute strahlt Poltawa mit seinen klassizistischen Bauten gemütlichen Charme aus. Auf dem *Runden Platz (Korpusnyj Sad)* im Zentrum schlägt das Herz der Universitätsstadt. Der goldene Adler auf der Säule blickt zum Schlachtfeld. Spazieren Sie durch die Fußgängerzone wul. Schowtneva zur *Erlöserkirche*. Hier betete Peter der Große nach seinem Sieg. Hinter der Kirche haben Spaßvögel dem beliebten Teignocken *haluschky* ein Denkmal gesetzt. Von hier sind es nur noch ein paar Schritte zur *Freundschaftsrotunde (Belaja Besedka)*. Auf der Biergartenterrasse *Poltawske Pywo* vis-à-vis des Gogoltheaters können Sie Leute gucken *(tgl. 8–22 Uhr | wul. Schowtneva | €)*. Kehren Sie ein im *Iwanowa Hora* mit Panoramablick und vorzüglicher ukrainischer Küche *(pl. Soborna 2 | Tel. 0532/56 00 03 | €€–€€€)*. Die *IV. Bastion* serviert rustikale Kneipenküche im Schlachtendekor *(wul. Oktjabrskaja 50 | Tel. 0532/56 05 55 | €)*. Die *Kaschtanowa Aleja (Kastanienallee)* wandelt sich abends vom Restaurant in eine Cocktailbar mit Club *(wul. Schowtneva 58a | Tel. 0532/50 54 57 | €€)*. Das *Palazzo* zählt zu den wenigen Nichtraucherhotels. 56 komfortable Zimmer, Sauna, Fitnessraum. Italienisch-japanisches Restaurant *(€€)*. *Wul. Gogolja 33 | Tel. 0532/61 12 05 | www.palazzo.com.ua* | €€–€€€

DNIPROPETROWSK

[128 A–B5] **Bevor Sie sich die Zunge brechen, sagen Sie wie die Einheimischen**

MARCO POLO HIGHLIGHTS

★ **Freiheitsplatz**
Zugig, aber überwältigend: Europas größte Leerstelle innerhalb einer Stadt liegt in Charkiw. Man erkennt den Platz sogar aus dem All (Seite 93)

★ **Monastirsky-Insel**
Wo der Dnjepr spektakulär die Kurve kratzt (Seite 96)

★ **Donbass-Arena**
Heimspiel für Schachtjor (Seite 98)

einfach „Dnjepr". Ohne den Fluss, der hier an manchen Stellen über einen Kilometer breit ist, gäbe es Dnipropetrowsk (1 Mio. Ew.) vermutlich gar nicht. Suchen Sie sich einen Platz an der Uferpromenade und staunen Sie, wie sich der mächtige Strom spektakulär in die Kurve legt, bevor er Richtung Süden fließt.

Leonid Breshnew begann hier seine Parteikarriere. Expräsident Leonid Kutschma leitete das Raketenwerk Jushmasch. Und Julia Timoschenko verdiente hier ihr erstes Geld mit Videotheken. In Dnipropetrowsk laufen die Geschäfte immer noch blendend. Die Stadt gilt als Bankenmetropole der Ukraine. Und die beiden 100m hohen Wohntürme *(ul. Dschershinskaja)* könnten auch in Manhattan stehen.

SEHENSWERTES

KARL-MARX-PROSPEKT (PROSPEKT KARLA MARKSA)

Stalinpomp meets Klassizismus: Wie an einer Perlenschnur reihen sich Einkaufstempel und schicke Restaurants, Museen und Hotels aneinander. Mittendrin wirft sich Lenin in Pose. Dnjeprs Hauptstraße führt bergauf und bergab durchs Zentrum. Mit der Tram Nr. 1 legen Sie die steilsten Abschnitte bequem zurück *(Tickets: 1 UAH)*.

KATHEDRALE DER VERKLÄRUNG CHRISTI (SWJATO-PREOBRASHENSKIJ KAFEDRALNIJ SOBOR)

Die Christi-Verklärungs-Kathedrale sollte größer werden als der Petersdom im Rom. Zur Grundsteinlegung 1787 kamen Zarin Katharina und der deutsche Kaiser Joseph II. Doch die Pläne zerschlugen sich. Der Zaun beschreibt die Umrisse des Mammutprojekts. *Pl. Oktjabrskaja 1*

MONASTIRSKY-INSEL (MONASTIRSKIJ OSTROW) ★

Mönche errichteten im 8. Jh. ein Kloster auf der Insel. Seit 1999 erinnert eine Kirche daran. Heute kommen alle zum Baden, Beachballspielen und Spazierengehen herüber. Im Terrassenrestaurant *Majak* gleich hinter der Brücke links schmecken herzhafte Salate und Schaschliks bei Sonnenuntergang am besten *(€)*.

WELTKRIEGSDIORAMA (DIARAMA WOJNI)

Der Zweite Weltkrieg in Öl: Im Betonklotz hinter dem Historischen Museum wird zu Geschützdonner vom Band die Schlacht um Dnipropetrowsk von 1943 inszeniert. *Di–So 10–16 Uhr | pl. Oktjabrskaja 1*

ESSEN & TRINKEN

COFFEE ROOM

Kaffeehaustischchen und gemütliche Sofas. Schöne Teeauswahl, kleine Gerichte. Mittwoch und Donnerstag Livejazz. Um die Ecke liegt die Synagoge „Goldene Rose". *Tgl. 10–23 Uhr | ul. Gopner 4a | Tel. 056/371 15 76 |* €

DAMODARA

Lassen Sie sich von den Krischna-Gesängen nicht abschrecken: Die indisch-vegetarische Küche schmeckt authentisch. *Mo–Sa 10–22 Uhr | ul. Glinki 19 | Tel. 056/234 16 28 |* €

PASTORAL ▶▶

In-Bar mit kleiner Gourmetkarte, frischer Pasta und exzellenten Torten.

Pr. Karla Marksa 46 | Tel. 056/ 36 28 66 | www.stargorod.net | €€€

EINKAUFEN

Fashion-Victims sind in Dnipropetrowsk in guter Gesellschaft. Ein Muss ist das Einkaufszentrum *Most (ul. Glinki 2)*. Darin befindet sich auch ein riesiges Internetcafé, ausgestattet mit einer gläsernen Bar. Wlan in Teilen des Gebäudes.

ÜBERNACHTEN

ACADEMIA

19 komfortable, etwas dunkle Zimmer am Historischen Museum. Auf den Fluren hängen sozialistische Propagandaschinken. Wer nett fragt, darf sich die lachenden Kolchos-Bäuerinnen anschauen. *Pr. Karla Marksa 20 | Tel. 056/370 05 05 | www.academia.dp.ua | €€*

In der Finanzmetropole Dnipropetrowsk gehen alle Geschäfte gut

BON HOTEL

Insider Tipp

Kleines, schickes Boutiquehotel. *8 Zi. | ul. Komsomolskaja 26 | Tel. 056/ 726 55 55 | www.bon-life.style.in.ua | €€–€€€*

AM ABEND

Am liebsten feiern die Einheimischen am großen Strom und auf der Klosterinsel. Im *Labyrinth (tgl. 22–6 Uhr | ul. Kharkovskaja 3)* bevölkern die 20- bis 45-Jährigen die Dancefloors. Nette Chillout-Zone mit Kuschelecken. Livekonzerte von Punk bis Elektro, Salsa- und Kinoabende im ▶▶ *Master Schmidt (ul. Schmidta 14 | www.mastershmidt.com)*.

DONEZK

[129 D6] **Steinkohle und Chemie haben Donezk (1,1 Mio Ew.) reich gemacht. Und alle sollen es wissen: Am Anfang der ul.** Donezk seinen heutigen Namen. Blitzsaubere Parks und schwere Limousinen auf schlaglochfreien Straßen zeigen: Hier wird Geld verdient – und auch gleich ausgegeben.

Die Donbass-Arena ist Heimat des erfolgreichsten Fußballvereins der Ukraine

Artema, Donezks Lebensader, hält ein monumentaler Bronzebergmann einen riesigen Klumpen Kohle in der Hand. Am Ende spucken die Schornsteine des Stahlwerks giftig-gelbe Schwaden. Der Waliser John Hughes, sein Denkmal steht auf halber Strecke, begann 1869, Eisenbahnschienen herzustellen. Schnell entstand die Stadt Jusowka, ab 1924 Stalino. Nach dem Zweiten Weltkrieg bauten die Russen Zechen, Hütten, Zementwerke und die Textilindustrie auf. 1961 bekam

SEHENSWERTES

DONBASS-ARENA ★

Der Fußballclub FC Schachtjor Donezk, Traditionsverein von 1936, ist mächtig stolz auf seine nagelneue Arena aus Glas und Stahl mit Platz für 50 000 Fans. Seit Schachtjor dem Multimilliardär Rinat Achmetow gehört, spielen die Orangenen auch international erfolgreich (Uefa-Cup 2009). *Pr. Mira* | *www.shakhtar.com*. Wimpel, Trikots und Tickets im Shop *(bul. Puschkina 8)*.

KATHEDRALE DER VERKLÄRUNG CHRISTI (SWJATO-PREOBRASHENSKIJ KATEDRALNIJ SOBOR)

Im Kirchenschiff werkeln noch die Vergolder und Ikonenmaler. Das Original war in den 30er-Jahren gesprengt worden. Inzwischen ist die 1992 erbaute Kathedrale fast ein Wahrzeichen. *Ul. Artema 129*

SCHTSCHERBAKOW-PARK (PARK SCHTSCHERBAKOWA)

Feiern, Tanzen und Flanieren: Durch den Tunnel unter der ul. Universitetskaja und über die Fußgängerbrücke gelangen Sie in das Naherholungsgebiet mit See, Biergärten und Rummel. Im Sommer oft Livekonzerte.

ESSEN & TRINKEN

MARRAKESCH

Französisch-nordafrikanische Gerichte. Gäste mit Glamourfaktor. *Ul. Artema 127 | Tel. 062/381 74 74* | €€

MIMINO

Köstliche georgische Spezialitäten, oft Livemusik. Belebt. *Pl. Konstituziji 5 | Tel. 062/381 73 73* | €€

SWINJA

Leckere Salate, russische Küche. In der Kellerbar lebt ein Zwergschwein. *Bul. Puschkina 13 | Tel. 062/345 69 89* | €€

ÜBERNACHTEN

ATLAS

Modernisiertes Inturist-Hotel, 20 Min. vom Zentrum. 165 einfache, saubere Zimmer, Bar-Restaurant. *Bul. Schewtschenko 20 | Tel. 062/381 79 79 | www.atlashotel.com.ua* | €€

DONBASS PALACE

Das Haus mit allem erdenklichen Luxus gehört dem reichsten Mann der Stadt: Rinat Achmetow. 129 Zimmer, Schwimmbad, Spa. Täglich ab 17 Uhr englische Teatime mit Scones und Piano in der Lobbybar. *Ul. Artema 80 | Tel. 062/343 43 33 | www.donbasspalace.com* | €€€

Insider Tipp

VICTORIA

Ruhige Lage am Park Komsomola. 38 moderne, großzügige Zimmer. Französisches Restaurant, Bars, Billard und Bowling. *Ul. Mira 14a | Tel. 062/381 47 00 | www.victoria.ua* | €€–€€€

AM ABEND

CHICAGO

Disko, Rockkneipe, Bowling und Hightech-Trinktempel in einem. *Di–So 21–5 Uhr | ul. Artema 123*

OPERN- UND BALLETTTHEATER

Klassiker und Gastspiele zu kleinen Preisen. *Ul. Artema 82 | Tel. 062/305 38 01 | www.dopera.org/main-ru.htm*

VIRUS

Populärer Dancefloor, 15 Min. vom Zentrum. *Ul. Polozkaja 20*

>LOW BUDGET

- > *Sattmacher:* Die SB-Kantine Pusata Chata in Charkiw füttert die hungrigen Massen. *Tgl. bis 23 Uhr | ul. Sumskaja 2* | €
- > *Seilbahn im Gorkipark:* Schweben Sie in Gondeln über die Baumwipfel Charkiws. *Tickets: ca. 0,40 Euro | Metro: Gorkijpark*

SONNENDECK, BURGENTRIO UND CHAMPAGNERPRICKELN

Drei Schlösser rund um Lwiw besuchen, auf dem Flussschiff den Dnjepr hinabschippern und eine aktive Weintour im Osten der Krim

Die Touren sind auf dem hinteren Umschlag und im Reiseatlas grün markiert

1 DAS GOLDENE HUFEISEN: DREI SCHLÖSSER BEI LWIW

Die Schlösser in Olesko, Pidhirzi und Solotschiw sind wie geschaffen für einen Tagesausflug mit dem Auto. Sie sollten allerdings zeitig aufbrechen.

Nach 75 km auf der gut ausgebauten E 40 ragt in der flachen Landschaft östlich von Lemberg plötzlich das Schloss **Olesko** empor *(Di–Fr 10–17, Sa/So ab 11 Uhr, an Feiertagen geschl.)*. Der polnische König Jan Sobieski, der einst Wien vor den Osmanen rettete, wurde 1629 dort geboren. Das *Museum* präsentiert naive Heiligenschnitzereien, wertvolle Ikonen, Gemälde und Möbel. Im urigen *Ritterkeller (Hrydnycia)* schmausen Sie ukrainisch *(Di–So 11–18 Uhr | Tel. 032/242 38 49 | €)*. *Café* auf der Parkinsel.

Folgen Sie der E 40 bis zum ukrainischen Versailles: **Pidhirzi**, dem

Bild: Adlerfelsen bei Gursuf auf der Krim

AUSFLÜGE & TOUREN

bedeutendsten Spätrenaissanceschloss Osteuropas. Es liegt kurz hinter Olesko einsam auf einer Hochebene. Die Renovierung kommt kaum voran, das Geld versickert in dunklen Kanälen. Im Park rauschen bis zu 300 Jahre alte Linden. Die *Josefskirche* (1766) mit beeindruckenden Säulenreihen müsste ebenfalls restauriert werden. Halten Sie auf der Weiterfahrt kurz am *Basiliuskloster* (1 km hinter Pidhirzi Pfeil *monastyr* nach rechts folgen).

Von dort sind es 18 km bis zum Barockschloss **Solotschiw**: Im 17. Jh. eine der modernsten Wehrfestungen, diente es zu k.u.k Zeiten als Gefängnis. Im Zweiten Weltkrieg folterte hier die Gestapo, später Stalins NKWD. Im Hof befinden sich ein chinesischer *Teepalast* und ein gutes Restaurant mit ukrainischer Küche *(Di–So 9–17 Uhr | €)*. Von Solotschiw 50 km bis **Brody** *(S. 62)* oder 120 km zurück nach **Lemberg** *(S. 55)*.

2 MIT DEM FLUSSSCHIFF ÜBER DEN DNJEPR

★ Morgens leichte Qi-Gong-Übungen auf dem Sonnendeck. Nach dem Frühstück staunen über die Sattelfestigkeit der Reiterkosaken. Nachmittags ziehen unendliche Schilfgestade vorbei. Abends verwöhnt Sie der Chefkoch. Und nachts können Sie sich am Sternenhimmel sattsehen.

Eine Dnjepr-Kreuzfahrt ist die bequemste Möglichkeit, in relativ kurzer Zeit viele Höhepunkte des Landes kennenzulernen. Die meisten Touren beginnen in **Kiew** *(S. 31)* und enden nach einem Abstecher auf die Krim in **Odessa** *(S. 82)*. Je nach Reiseroute sind Sie etwa 10 Tage unterwegs, wobei das Schiff längere Zeit in Kiew, Sewastopol, Jalta und Odessa vor Anker liegt. Der erste Tag gehört der Hauptstadt, bevor Ihr Schiff gegen Nachmittag des zweiten Tages ablegt. In **Krementschug** (3. Tag) wurde der Fluss zur Stromerzeugung auf einer Länge von 120 km aufgestaut. Nächster Halt ist entweder **Dnipropetrowsk** *(S. 95)* oder **Saporoshje** mit der größten Dnjepr-Insel Chortyzja (4. Tag). Dort hatten im Mittelalter die Kosaken ihre Festung Sitsch. Kostümierte Reiter zeigen hier ihr Können. Nach 908 km erreicht Ihr Schiff bei **Cherson** (5. Tag) die Deltamündung. Am nächsten Morgen kreuzen Sie im Schwarzen Meer und beobachten Delphine. In **Sewastopol** *(S. 88)* können Sie Ausflüge machen (6. u. 7. Tag). Am achten Tag erreichen Sie **Jalta** *(S. 76)*. Dort haben Sie wieder Zeit für Erkundungen. Dann laufen Sie Odessa an, wo die Reise endet. Sechs Schiffe (je 200 Passagiere) mit unterschiedlichem Komfort sind unterwegs (Mai–Mitte Okt.). Ca. 1500 Euro plus Anreise und Nebenkosten. An Bord dominieren reifere Jahrgänge. Rund zwei Dutzend Veranstalter bieten Kreuzfahrten an, z.B.: *www.vikingrivers.de*, *www.dertour.de*, *www.ruta-cruise.com*

3 OSTKRIM: FELSEN, COGNAC UND CHAMPAGNER

Probieren Sie den Champagner der Zaren und erkunden Sie das Cognacland in Koktebel im Osten der Krim. Wanderungen und Schwimmen machen Sie nach Verkostungen wieder munter. Fahren Sie die Tour (zwei Tage) mit dem Mietwagen oder mit Taxis.

1. Tag: Sudak – Nowyj Swet. Von **Sudak** *(S. 81)* führt die 7 km lange Küstenstraße durch zerklüftete Felslandschaften nach **Nowyj Swet**. Baden Sie vor spektakulärer Naturkulisse oder wandern Sie den *Zarenpfad* an der Küste entlang, wo sich Grotten mit kleinen Buchten und Sandstränden abwechseln (ca. 3 km). Den Tag beschließen Sie mit einer *Sektprobe bei Nowyj Swet*. Fürst Lew Golizin gründete die Kellerei 1878. Er belieferte auch den Zaren. 2 Mio. Flaschen Nowyj Swet („Neue Welt") werden jährlich mit traditioneller Flaschengärung produziert. *Tgl. 9–15 Uhr | Führung mit Sektprobe 35 UAH | ul. Schaljapina 1 | Tel. 06566/32866.* Günstig essen können Sie in der *Kantine* von Nowyj Swet *(tgl. 10–20 Uhr | ul. Golizina 20 | €)*, übernachten im einfachen *Gästehaus (60 Betten | ul. Nabereshnaja 3 | Tel. 097/5526927 | €–€€)* oder im edleren *Knjas Golitsyn (50 Zi. | ul. Golizina 5 | Tel. 06566/33359 | www.hotel-golitsyn.com |*

€€€). Im Ort weitere Hotels und einige Fischrestaurants *(€€–€€€).*

2. Tag. Nowyj Swet – Koktebel. Die Fahrt nach **Koktebel** (3000 Ew.) über die P 29 Richtung Feodossija dauert eine knappe Stunde. In dem Badeort an der Ostküste urlaubt seit Anfang des 20. Jhs. die russische Intelligenz: Im Haus des Malers und Dichters Maximilian Woloschin (1877–1932) erholten sich Maxim Gorkij und Michail Bulgakow *(Museum: ul. Nabereschna).* Die sauberen Strände und eine weitgehend unverbaute Landschaft sorgen heute für Badetrubel, doch geht es deutlich beschaulicher zu als im Süden. Fahren Sie durch den Ort, bis Sie das Tor zum Cognacland Koktebel *(Strana Konjaka)* passieren und folgen Sie den Schildern zur Kellerei direkt am Meer. Holzfässer mit ausgezeichnetem Madeira reifen unter der prallen Sonne. Bekannt ist Koktebel aber vor allem für seinen Cognac. *Besichtigung 20 UAH und Wein- und Cognacprobe 50 UAH für 8 Sorten | ul. Lenina 27 | Anmeldung Tel. 06562/243 57 | www.koktebel.ua.* Deutsche Übersetzer vermitteln örtliche Reisebüros. Danach faulenzen Sie am Strand. Oder sind Sie lieber aktiv? Die zerklüftete Küste um Koktebel besteht aus Resten des Vulkans *Kara-Dag* (Schwarzer Berg). Wandertouren ins Kara-Dag-Massiv vermittelt die Verwaltung des Naturschutzgebiets im Nachbarort *Kurortnoe (ul. Nauky 24 | Tel. 06562/262 90).* Oder erkunden Sie Kara-Dag von einem Boot von Koktebel aus. Insider Tipp Unterwassertouren organisiert die Tauchbasis im Hotel *Belij Grifon (64 Zi. | ul. Morskaja 1A | Tel. 067/653 76 66 | support@grifon.crimea.ua | €€–€€€).* Übernachten: Privatquartiere oder Hotel *Talisman* mit 13 einfachen, sauberen Zimmern *(ul. Lenina 97 | Tel. 06562/244 76 | €–€€).* Essen können Sie an der Strandpromenade.

Über dem Badeort Sudak erhebt sich eine stattliche Festung Genueser Händler

EIN TAG IN ODESSA

Action pur und einmalige Erlebnisse.
Gehen Sie auf Tour mit unserem Szene-Scout

FRÜHSTÜCK IM STADTPARK

10:00

Die ukrainischen Frühstücksvariationen reichen von süß bis deftig. Im Café *Klara Bara*, das mitten im Stadtpark liegt, haben Feinschmecker die Qual der Wahl: Hähnchenleberpastete mit Essiggurken auf Toast oder doch lieber Kirschstrudel? Eine Tasse kräftigen Tees sollte man sich auf keinen Fall entgehen lassen. **WO?** *Gorsad | Tel. 0482/741 33 31 | www.klarabara.od.ua*

11:30

SCHIFF AHOI!

Die Yacht wartet schon. Also nichts wie an Deck, Segel setzen und das Gesicht in den Wind halten. Der Luxus ist perfekt, denn die Crew des *Odessa International Yacht Clubs* übernimmt die Arbeit an Bord. Also entspannen und die Aussicht auf den Hafen und die Küste vor Odessa genießen. **WO?** *Ul. Dovzhenko 4 | Kosten: ca. 105 UAH/Std. | Tel. 0482/68 12 20 | www.yachting.odessa.ua*

DOLPHIN WATCHING

13:30

Im Delphinarium *Nemo* haben Tierliebhaber die Gelegenheit, Delphine live zu erleben. Nach einer der Shows steigt man zusammen mit einem erfahrenen Trainer ins kühle Nass. Dabei kommt man den neugierigen Tieren ganz nah! **WO?** *Plash Lansheron 25 | Anmeldung unter Tel. 048/720 70 70 | Kosten: ca. 80 Euro/10 Min. | www.delfinariy.od.ua*

14:30

TRADITIONELLER LUNCH

Die Mauern des Restaurants *Datscha* haben nicht nur einiges an ukrainischer und russischer Geschichte gesehen, hier werden auch ganz traditionelle Gerichte wie Borschtsch aufgetischt. Der Stil des ehemaligen Landhauses der Zarenära wurde auch während der Zeit als sowjetisches Sanatorium erhalten. Unbedingt probieren: die leckere hausgemachte Limonade. **WO?** *Francuskij bul. 85/15 | Tel. 048/714 31 19 | www.dacha.com.ua*

24h

LABYRINTH

16:00

Der Sandstein, auf dem Odessa erbaut wurde, ist von Tunneln und Katakomben durchzogen. Während des Zweiten Weltkriegs waren sie ein perfektes Versteck für Schmuggler, Revolutionäre und Partisanen. Ein Guide von *Ganezh* führt durch die verwinkelten Schächte ukrainischer Geschichte. **WO?** *Ul. Novoselskogo 60 | Anmeldung unter Tel. 048/728 80 96 | Kosten: ca. 22 Euro/2 Std. | www.visit2odessa.com*

20:00

HISTORISCHE FAHRT

Jetzt kommen Nostalgiker voll auf ihre Kosten: In den bunten Gondeln der urigen Drahtseilbahn geht es die Klippen zum Strand von Otrada hinab. Gerade rechtzeitig, um die letzten Sonnenstrahlen von der Bucht aus zu genießen. Hier kann man die Seele baumeln lassen und Kraft für die Nacht tanken. **WO?** *Otrada*

KREATIVER ABSCHLUSS

21:00

Scarlet Sails ist eines der ältesten Restaurants in Odessa. Umso kreativer sind die Gerichte des Hauses! Die Spezialität ist die Scarlet-Sails-Entenbrust mit Mango, Brandy, Rotwein und Orangenschale – ein willkommener Ausgleich zur traditionellen Küche! **WO?** *Ekaterininskaja 14 | Tel. 0482/25 07 58 | http://alie-parusa.odessa.ua*

23:00

DANCEFLOOR DELUXE

Sehen und gesehen werden ist das Motto im *Stereo*. Der Club lässt die Herzen der Partypeople höher schlagen. Lasershows, Tanzeinlagen und Co. heizen dem Publikum mächtig ein. Jetzt heißt es rauf auf die Tanzfläche und sich ganz den R-'n'-B-Sounds hingeben. Schließlich ist die Nacht noch jung. **WO?** *Am stylishen Arkadia Beach in Odessa | www.stereo.od.ua*

> MIT SPÜRSINN ZUM ZIEL

Ob im Sattel ihres Mountainbikes oder auf dem Rücken eines Pferdes: Dieses Angebot stellt Aktivurlauber zufrieden

> Raus an die frische Luft! Ob Rafting oder Reiten, Mountainbiking oder Wandern, Paragliding, Schwimmen, Surfen oder Tauchen: Aktivurlauber haben die Qual der Wahl.

Manchmal braucht es zwar etwas Spürsinn, um ans Ziel zu kommen, denn nicht überall kommen Sie mit Englisch weiter. Lassen Sie sich nicht entmutigen. Fragen Sie in den Hotels und Ferienzentren nach. Viele Aktivangebote werden zum Paket geschnürt – ein Relikt aus Sowjetzeiten. Aber immer mehr Individualisten sind zwischen Karpaten und Krim unterwegs.

Bild: Aussichtsfelsen Aj Petri auf der Krim

BANJA

Das russische Schwitzbad ist auch in der Ukraine sehr beliebt. Leichte Schläge mit feuchten Birkenzweigen gehören genauso zum Ritual wie das kalte Bier danach. Eine Institution in Kiew seit 1895: *Zentralnyje Torgo-*

SPORT & AKTIVITÄTEN

wyje Bani (wul. Mala Schitomyrska 3a | Tel. 044/278 03 78).

RADFAHREN

Trotz Hitze und fehlender Radwege: Fahrradtouren auf der Krim werden immer öfter nachgefragt. Mountainbikeclubs und Radenthusiasten stellen Touren zusammen *(www.mt.crimea.com*, *www.velosipeda.net*, *http://vt.crimea.ua)*. In den Karpaten schildert der Verein *Bikeland* Radwege aus *(vgl. S. 51)*. Eine 8-tägige, geführte Radtour durch Transkarpatien von Tschop nach Mukatschewo bietet *Alissa Smyrna* in Dubrynytschi *(ass@waldkarpaten.org)*. Fahrradverleih in Kiew, den Karpaten und auf der Krim (Bachtschisaraj): *www.veloprokat.kiev.ua*.

RAFTING

Pures Adrenalin: Wildwassertouren auf dem Tscheremosch in den Karpaten (nur im Mai) organisiert der Tourclub in Ternopil *(2- bis 4-tägige Komplettpakete 100–140 Dollar | Tel. 096/212 40 71 (Englisch) | tour club.ternopil@gmail.com)*. Der Verein bietet auch ganzjährig Kanutouren auf dem Dnister, vorbei an felsigen Ufern, Wasserfällen und Festungen. Buchbar auch über den deutschen Veranstalter *www.trembita.de*.

REITEN

Der Reitclub *Solotaya Podkowka (ul. Sewernaja 1 | Tel. 06560/721 21 | www.horse-club.crimea.ua)* vermittelt mehrstündige bis mehrtägige Reitausflüge (mit Zeltlager) ins Demerdshi-Gebirge auf der Krim. Start in Lutschistoje bei Aluschta. Reiten in der Großstadt: In Kiew auf der Truchaniw-Insel bei *KLL Argamak (nach der Fußgängerbrücke rechts | Tel. 044/428 86 38)*. Für Ausritte in der Umgebung bietet sich der Reitclub *Butenko* in Proziw (Nähe Kiew-Borispil) an. Erstklassige Reithalle. *Tgl. 10–24 Uhr | wul. Komsomolska 12 | Tel. 044/593 80 33*. In den Karpaten helfen Gastgeber von Privatquartieren und Hotels weiter.

SEGELN

Yachtcharter in allen größeren Touristenorten auf der Krim. Falls Sie auf dem Dnjepr kreuzen wollen: Der *Kyiv Cruising Yacht Club* in Kiew vermietet zwei Yachten mit 18 und 25 Plätzen *(Dniprowska Nabereschna 12 | www.kievsail.com | Metro: Osokorki)*. *Eddie's Boats* vermittelt zehn Boote (2–65 Personen) auf dem Dnjepr *(Tel. 044/531 82 27)*.

SKIFAHREN

Bukowel ist das modernste und größte Skigebiet in den Karpaten. Dragobrat liegt auf 1350 m. Stabile Schneedecke von Ende November bis Mitte Mai. Vom Bahnhof im 18 km entfernten Jasinja aus fahren

Mountainbikefans stellen immer mehr Routen zusammen

Jeeps bis zum Skizentrum. In Dragobrat finden Sie Herbergen, einfache Touristenbasen, private Gästezimmer und Skiverleih. Zurzeit vier Skilifte, das Angebot wird weiter ausgebaut. *www.dragobrat.poltava.ua*

SPRACHKURSE

Ukrainisch- oder Russischschulen finden Sie in allen größeren Städten. Einzelunterricht ist immer möglich. Sprachferien mit Familienanschluss vermitteln in Odessa das *Bayerische Haus (Tel. 0487/15 01 20 | www.bayernhaus.com.ua)* oder in Charkiw das *Nürnberger Haus (Tel. 057/706 34 13 | info@nuernbergerhaus.kharkov.ua)*. In einer krimtatarischen Siedlung am Fuß des Aj Petri liegt die Feriensprachschule Muschinski mit Minihotel. Die Besitzerin versteht Deutsch und organisiert Wanderungen und Fahrradtouren. *8 Zi. | ul. 16-go Sentjabrja 17 | Korejs, Ortsteil Samota | Tel. 0654/24 43 08 | www.muschinskaya.com*

TAUCHEN

An einigen Küstenteilen der Krim können Sie die faszinierende Unterwasserwelt des Schwarzen Meers erkunden. Professionelle Tauchbasen gibt es bislang nur in Balaklawa und in Sudak. Auch rund um das Kap Tarchankut im äußersten Westen treffen sich Taucher. Infos: *www.tarhankut.crimea.ua/diving-club.html*, *http://baza.crimea.ua/diving.html*, *www.sebastopol.ru/5824479614*

WANDERN

Die Waldkarpaten bezaubern mit aussichtsreichen Höhenwegen. Verschiedene Organisationen fördern ökologischen Tourismus, z. B. die Darmstädter *Ushtal-Stiftung (www.uzhtal.de)*. Eine Wandertour von Ushgorod über den Karpatenkamm nach Tschernowitz ist unter *www.carpatroute.com* beschrieben. Geführte Bergwanderungen auf der Krim, z. B. von Bachtschisaraj durch Canyons, Flüsse und Höhlen nach Jalta (6 Tage) oder in die Ostkrim (6 Tage), bietet *www.outdoorukraine.com*. Dort auch Wanderkarten. Individuelles Höhlentrekking, Wander- und Klettertouren mit deutschsprachigen Führern vermittelt auch das *Crimean Tourism Development Centre* in Jalta *(ul. Moskowskaja 1/6 | Tel. 0654/32 42 43 | resort@yalta.crimea.ua)*.

WELLNESS

Die mineralienreichen Salzseen bei Odessa und im Westen der Krim liefern heilsamen Schlamm. Baden Sie am östlichen Ufer des Sasyk-Siwasch, des größten Krim-Salzsees bei Saki (75 km²). Viele Sanatorien auf der Krim bieten Massagen, Sauna und medizinische Anwendungen. Ohne Russischkenntnisse ist die Verständigung aber nicht immer leicht. Einfacher entspannen Körper und Seele in modernen Hotels mit Spabereich.

WIND- & KITESURFEN

Kap Kasantip auf der Krim an der Küste des Asowschen Meers ist das Muss für Windsurfer. Kitesurfer treffen sich auf dem Salzsee in Myrnij bei Jewpatorija im Westen der Halbinsel. Auch für weniger Geübte ein sicheres Terrain. Die Gebiete sind touristisch kaum erschlossen. Bringen Sie eigene Ausrüstung und Verpflegung mit!

FÜR KLEINE ENTDECKER

Zirkusakrobaten, Puppenbühnen und Planschparadiese: Kinder dürfen sich in der Ukraine wie kleine Könige fühlen

> Ihre drei Monate Sommerferien verbringen ukrainische Kinder traditionell im Ferienlager und bei Oma und Opa auf der Datscha. Die Kleinen werden nach Strich und Faden verwöhnt. Probieren Sie es aus: Mit einem Kind werden Sie in Geschäften vorgelassen und Sie bekommen einen Sitzplatz im Bus. Aber holprige Bürgersteige und fehlende Aufzüge machen den Stadtbummel für kleine Füße nicht immer zum Vergnügen. Animation, Spielplätze oder Planschbecken entsprechen nicht immer westeuropäischen Vorstellungen. Aber Sie müssen Ihren Nachwuchs nicht zu Hause lassen. Vor allem die Krim eignet sich für einen kindgerechten Urlaub: Hier können Sie zusammen baden, wandern, Höhlen besichtigen, reiten oder mit dem Schiff fahren *(www.biss-reisen.de)*. Familienfreundliche Hotels finden Sie am ehesten rund ums Schwarze Meer.

AQUAPARKS

Der Aquapark auf der Krim in Simeis (mit Meerwasser) hat Schwimmbecken, Springbrunnen, Hüpfburgen und Wasserrutschen. *Zufahrt über Ponisowska | Erw. 150 UAH, Kinder 100 UAH | tgl. 10–18 Uhr | www.simeiz-aquapark.com* | **[132 B6]**. Auch in Aluschta, Jewpatorija, Sewastopol, Sudak und Koktebel.

DELPHINARIEN

Die erstaunlichen Tricks der Meeresartisten: Das Nemo-Center in Odessa ist gleichzeitig Delphin-Rettungsstelle und Stützpunkt für therapeutisches Kinderschwimmen. Mit Hotel und Meeresaquarium. Im Sommer drei Delphinshows. *Di–So 9–18 Uhr | Plash Lansheron 25 | Tickets 70–80 UAH, Kinder unter 5 Jahren frei | www.nemo.od.ua* | **[130 C3]**. Weitere Delphinarien in Jewpatorija, Sewastopol und weiteren Orten der Südküste.

KINDER- UND JUGENDPALÄSTE

Die ehemaligen Pionierpaläste (heute: *Dworez molodjoshi*) sind Relikte aus Sowjetzeiten, in denen oft phantasievoll inszenierte und mit schönen Kostümen ausgestattete Kinderrevuen, Musikshows,

> MIT KINDERN UNTERWEGS

Theater- und Tanzvorführungen stattfinden. Meist treten Kinder auf, manchmal auch Erwachsenen-Ensembles.

PARKEISENBAHNEN

Einsteigen, Türen schließen: Im Charkiwer Gorkij-Park *(ul. Sumskaja* | **[128 C3]**) fährt in den Sommermonaten eine der ältesten Kindereisenbahnen des Landes (Bj. 1940). Auch in Jewpatorija auf der Krim, Lwiw, Kiew und Dnipropetrowsk kommen Nachwuchslokführer auf ihre Kosten.

PUPPENTHEATER

Die schöne Tradition der Puppenbühnen *(kukolnyj teatr)* wird in jeder größeren Stadt hochgehalten. Preisgekrönt sind das Charkiwer *(300 Plätze, Puppenmuseum, pl. Konstituziji 24* | **[128 C3]**) und das Lemberger Puppentheater *(pl. Danyla Halyzkoho 1* | **[124 B4]**), das 1946 gegründet wurde und 200 000 Besucher jährlich zählt. Die älteste Puppenbühne Kiews (seit 1927) residiert in einem pfirsichfarbenen Märchenschloss nahe dem Europaplatz. Stücke für Kinder ab 3 Jahren, Klassiker für Erwachsene. Vorführungen mehrmals täglich, danach Kuchenschlacht in der Pâtisserie Cipollino im gleichen Haus. Spielplatz. *Tickets 15–20 UAH* | *wul. Hrushewskoho 1a* | **[126 C3]**

ZIRKUS

Akrobatik, Clowns,Tierdressuren und ein echtes Orchester: Zirkus ist ein nostalgisches und preiswertes Vergnügen. In festen Zirkusbauten gastieren im Winterhalbjahr ukrainische und ausländische Ensembles. Das größte Zirkusgebäude (3000 Sitzplätze) steht in Kiew: *pr. Peremohy 2* | **[126 C3]**. In Odessa: *ul. Koblewskaja 25/1* | **[130 C3]**

ZOOS

Die renommiertesten Tierparks befinden sich in Odessa, Lemberg, Charkiw (Schewtschenko-Park) und Kiew (40 ha, Streichelzoo, Riesenrad; *Di–So 9–18 Uhr* | *pr. Peremohy 32* | *Metro: Politechnitschnyj Institut* | **[126 C3]**). Die Tierhaltung entspricht leider nicht immer westlichem Niveau.

> VON ADRESSANGABEN BIS ZOLL

Urlaub von Anfang bis Ende: die wichtigsten Adressen und Informationen für Ihre Reise in die Ukraine

ADRESSANGABEN

Die Ukraine ist zweisprachig: Auf der Krim und im Osten des Landes finden Sie russische Bezeichnungen, im Westen und im Zentrum ukrainische. Die Adressen sind im Band je nach Landesteil in der aus dem Ukrainischen oder Russischen transkribierten Form angegeben. Straße: *wulyzja/ uliza (wul./ul.);* Platz *ploschtscha/ ploschtschad (pl./pl.);* Prospekt *prospekt (pr.);* Boulevard *bulwar (bul.);* Gasse *prowulok/pereulok (prow./per.)*

ANREISE

AUTO

Die Anreise kann ein Abenteuer sein, vor allem wegen der schlechten Straßen. An den Grenzen kommt es häufig zu Wartezeiten. Der Halter muss mit im Auto sitzen, sonst wird seine beglaubigte Vollmacht benötigt. Grüne Versicherungskarte und internationaler Führerschein sind Pflicht.

BAHN ODER BUS

Täglich fährt ein Direktzug Berlin–Kiew über Polen (24 Std.). Auch nach Odessa gibt es eine durchgehenden Zug. Von Wien nach Kiew muss man in Krakau umsteigen (22 Std.). Täglich Abendzug Wien–Lemberg (26 Std.). Viele Fernbusverbindungen, auch von kleineren Städten *(Dt. Touring | Tel. 069/79 03 50 | www.touring.de, www.eurolines.at).*

PRAKTISCHE HINWEISE

FLUGZEUG

Mit Lufthansa von Frankfurt und Düsseldorf nach Kiew, von München auch nach Donezk und Lwiw. Billigflüge von Köln und Dortmund nach Kiew und Lwiw mit Germanwings *(www.germanwings.com)* bzw. Wizz Air *(www.wizzair.com)*. AUA *(www.aua.com)* fliegt von Wien nach Kiew, Lwiw, Charkiw, Dnipropetrowsk und Donezk. Ukraine International *(www.flyuia.com)* von Berlin, Frankfurt, Wien und Zürich nach Kiew, von Frankfurt auch nach Simferopol und Lemberg. Aerosvit *(www.aerosvit.com.ua)* bedient von Kiew Hamburg und Düsseldorf. Inlandsflüge mit Aerosvit, Ukraine International, DonbassAero, Dniproavia und Wizz Air.

AUSKUNFT

Bislang unterhält die Ukraine keine offiziellen Tourismusbüros im westlichen Ausland und auch keinen Internetauftritt für internationale Gäste. Noch fehlen vielerorts städtische Tourismusbüros, die sprachlich und organisatorisch auch westeuropäischen Touristen weiterhelfen könnten. Mit der Fußball-EM 2012 wird sich dies höchstwahrscheinlich ändern. Zumindest in den Metropolen tut sich was: In Hotels oder Restaurants liegen kostenlose Stadtpläne *(plan mista/goroda)* aus, manchmal auch Broschüren in englischer Sprache. Seien Sie beruhigt: Die meisten Ukrainer sind äußerst hilfsbereit und werden Ihnen den Weg zur Not mit Händen und Füßen erklären. Oder fragen Sie in einem Reisebüro nach: Dort spricht bestimmt jemand ein paar Brocken Englisch.

AUTO

Vermeiden Sie Nachtfahrten über Land. Schlechte Straßen, fehlende Markierungen und Hindernisse auf der Fahrbahn erhöhen das Unfallrisiko. Viele Verkehrsteilnehmer verhalten sich unberechenbar. Die Beschilderung (kyrillisch) kann lückenhaft sein. Im Straßenverkehr gilt striktes Alkoholverbot. Tempolimit auf mehrspurigen Landstraßen 110 km/h, auf Landstraßen 90 km/h, innerorts 60 km/h. An Tankstellen sind Vorkasse und Bedienung üblich.

DIPLOMATISCHE VERTRETUNGEN

DEUTSCHE BOTSCHAFT

Wul. B. Chmelnyzkoho 25 | 01901 Kiew | Tel. 044/247 68 00 | www.kiew.diplo.de/Vertretung/kiew/de/Startseite.html

ÖSTERREICHISCHE BOTSCHAFT

Wul. I. Franka 33 | 01030 Kiew | Tel. 044/277 27 90 | www.bmeia.gv.at/botschaft/kiew.html

BOTSCHAFT DER SCHWEIZ

Wul. Kozyatynska 12 | 01015 Kiew | Tel. 044/281 61 28 | www.eda.admin.ch/kiev

EINREISE

Sie benötigen einen Reisepass, der noch mindestens drei Monate über den Reisetermin hinaus gültig ist. EU-Ausländer und Bürger der Schweiz brauchen kein Visum, wenn der Aufenthalt 90 Tage pro Halbjahr nicht überschreitet. Im Flugzeug werden Einreisekarten ausgeteilt. Füllen Sie beide Abschnitte aus, einer bleibt bis zur Ausreise in Ihrem Pass. Kopieren Sie wichtige Dokumente.

EINTRITTSPREISE

In staatlichen Museen zahlt man meist wenige Hrywnja, umgerechnet etwa 50 Cent bis ein Euro. Etwas teurer ist der Besuch der Adelspaläste auf der Krim und berühmter Klöster (ca. 3 Euro).

FÄHREN

Wöchentliche Fähre von Odessa nach Istanbul *(22–32 Std., www.ukrferry.com)*, unregelmäßig auch von Jalta, Sewastopol, Cherson und Jewpatorija. Informationen an den Hafenterminals oder *www.ferrylines.com*.

WAS KOSTET WIE VIEL?

KAFFEE	**ETWA 1,50 EURO** im Kaffeehaus
BIER	**AB 50 CENT** für eine Flasche (0,5 l)
U-BAHN	**17 CENT** für eine Fahrt in Kiew
IMBISS	**ETWA 80 CENT** für eine Portion Mlynzi (Crêpes)
BENZIN	**60 CENT** pro Liter
SOUVENIR	**ETWA 20 EURO** für ein besticktes Hemd

FOTOGRAFIEREN

Militäranlagen sollten Sie grundsätzlich nicht fotografieren. Bisweilen sind Kameras auch in Kirchen nicht erwünscht. Museen und Klöster verlangen meist eine kleine Gebühr fürs Fotografieren. Zahlen Sie nicht mehr als 10 UAH.

GELD & KREDITKARTEN

Eine ukrainische Hrywnja (UAH) entspricht 100 Kopeken. Es sind alte und neue Banknoten im Umlauf (von 1 bis 500 UAH). Mit der Landeswährung können Sie überall bezahlen. Den günstigsten Kurs bekommen Sie in Wechselstuben. Vermeiden Sie, am Flughafen oder an sehr touristischen Orten Geld zu wechseln. Durch die hohe Inflation können sich die im Reiseführer genannten Preise ändern. Immer mehr Hotels, Restaurants und Geschäfte akzeptieren auch Kreditkarten. Bis zu 10 000 Euro Bargeld dürfen Sie ohne Zollerklärung ein- bzw. ausführen. An Geldautomaten können Sie Bargeld per Kreditkarte abheben, manchmal auch mit EC-Maestro-Karten. Achten Sie an den Automaten auf Spuren von Manipulation und lassen Sie Ihre Karte bei Verdacht sofort sperren.

GESUNDHEIT

Die medizinische Versorgung entspricht nicht westeuropäischem Standard. Die Ausstattung der Krankenhäuser ist oft mangelhaft. Nur in größeren Städten gibt es moderne Privatkliniken und Praxen. Ärzte müssen bar bezahlt werden. Behandlungskosten werden von gesetzlichen Krankenkassen nicht übernommen. Schließen Sie eine Auslandskrankenversicherung ab. Es besteht ein dichtes Netz von Apotheken. Leitungswasser ist nicht überall genießbar. Weichen Sie auf Mineralwasser aus. Waldpilze, Beeren und Wild können noch radioaktiv belastet sein. Impfungen sind nicht vorgeschrieben. Es empfiehlt sich aber der Schutz gegen Tetanus und Kinderlähmung. In ländlichen Gebieten besteht das Risiko, sich mit Hepatitis A anzustecken. Tuberkulose und HIV/Aids haben in den letzten Jahren stark zugenommen.

INTERNET

Informationen zu den wichtigsten touristischen Regionen: *www.tourism-carpathian.com.ua*, *www.cultureandtourism.lviv.ua*, *www.ct.lviv.ua/map*, *www.tourism.crimea.ua/eng*, *http://odessatourism.in.ua*, *www.kharkov.ua*, *www.gorod.dp.ua/multilang/de*. Die schönsten Burgen und Festungen mit Fotos und englischsprachigen Infos auf *http://castles.com.ua*. Fotos ukrainischer Holzkirchen, allerdings versehen mit ukrainischen Texten finden Sie hier: *http://community.livejournal.com/derexkhramy*.

INTERNETCAFÉS & WLAN

Selbst in vielen kleineren Orten gibt es inzwischen Internetcafés. Wlan ist vor allem in Hotels, Cafés und Restaurants verfügbar. Achten Sie auf Wifi-Aufkleber an den Schaufenstern.

KLIMA & REISEZEIT

Das Klima ist gemäßigt kontinental. An der Südküste der Krim herrscht subtropisches Mittelmeerklima. Dort kann es bis in den Oktober hinein sehr mild sein. Die beste Reisezeit liegt zwischen Mai und September.

MEDIEN

Landesweit senden ein staatliches und mehrere private TV-Programme sowie unzählige Lokalsender. Die wichtigsten überregionalen Zeitungen heißen *Fakty i Kommentarii, Serkalo Nedeli* (engl. Webseite: *www.mw.ua*), *Djen* *(www.day.kiev.ua/en)*, *Kommersant* und *Segodnja*. Die Nachrichtenagenturen *Unian* *(http://unian.net/eng/)* und *Interfax* *(www.interfax.com.ua/eng)* versorgen Sie mit aktuellen Informationen.

WÄHRUNGSRECHNER

€	UAH	UAH	€
1	11,42	10	0,87
3	34,27	40	3,50
5	57,11	60	5,24
9	102,80	90	7,86
15	171,33	200	17,48
20	228,44	400	34,95
50	571,11	700	61,17
70	799,55	900	78,64
150	1713,32	2000	175,09

MIETWAGEN

Internationale Mietwagenfirmen unterhalten Niederlassungen in großen Städten, meist an Flughäfen. Daneben gibt es auch lokale Verleiher, z.B. *http://rent-cars.com.ua*, *www.rentacar.com.ua*, *www.crimearent.org.ua*

NOTRUF

Feuerwehr: *Tel. 101*, Polizei: *102*, Notarzt: *103*. In kleineren Städten gilt die zentrale Notrufnummer *112*.

ÖFFENTLICHE VERKEHRSMITTEL

Große Entfernungen überwinden Sie am schnellsten mit dem Flugzeug. Die Großstädte sind mit Nachtzügen verbunden. Im Liegewagen *(plazkartny wagon)* sind die Kojen zum Gang hin offen. Etwas komfortabler reisen Sie im Viererabteil *(kupe)*. Bettwäsche vermietet der Schaffner. Fahrkarten *(bilety)* gibt es an Bahnhöfen. Beim Ticketkauf müssen Sie Ihren Reisepass vorzeigen. Verständigung auf Englisch ist leider noch nicht die Regel. In den Ferien und um Feiertage herum sind Züge oft ausgebucht. Fahrpläne und Preise unter *www.uz.gov.ua*. Fernbusse fahren meist von zentralen Omnibusbahnhöfen *(awtowaksal)*, sind sehr günstig mit unterschiedlichem Komfort. *www.autolux.ua*, *www.sherif.com.ua*, *www.gunsel.com.ua*, *www.ukrbus.com*

Minibusse *(marschrutki)* verbinden die wichtigsten Städte mit den umliegenden Dörfern. Auch innerstädtisch fahren *marschrutki*, die Sie per Handzeichen anhalten. Zahlen Sie beim Einsteigen (1–2 UAH). Wollen Sie aussteigen, rufen Sie dies dem Fahrer zu: *„ostanowite poshalusta!"* (bitte halten). In Städten können Sie sich auch sehr günstig per Bus, Tram oder Metro fortbewegen. Das Marschrutka- und Busnetz ist aber selbst für Einheimische nicht immer einfach zu durchschauen. Oft gibt es keine Fahrpläne oder festen Haltestellen. Die Route klebt meist auf Kyrillisch an der Fensterscheibe.

In Kiew bringt Sie der „Atass"-Flughafenbus in 45 bis 60 Min. zum Hauptbahnhof (dort Metroanschluss). Er fährt vor dem Terminal B ab. Tickets verkauft eine Schaffnerin am Bus (pro Fahrt 25 UAH).

ÖFFNUNGSZEITEN

Geschäfte und Kioske haben oft bis spät in die Nacht geöffnet, einige Supermärkte sogar rund um die Uhr. Auch am Wochenende und an Feiertagen können Sie einkaufen. Restaurants und Cafés kennen ebenfalls keine Ruhetage. Meistens kriegen Sie bis 23 Uhr etwas Warmes. Im

WETTER IN KIEW

	Jan.	Feb.	März	April	Mai	Juni	Juli	Aug.	Sept.	Okt.	Nov.	Dez.
Tagestemperaturen in °C	-3	-1	4	14	21	24	25	24	19	12	5	0
Nachttemperaturen in °C	-8	-7	-2	5	11	14	15	14	10	5	0	-5
Sonnenschein Std./Tag	4	4	6	7	9	10	9	9	7	5	4	3
Niederschlag Tage/Monat	17	14	13	12	12	13	13	11	10	10	15	17

Reiseführer sind davon abweichende Zeiten angegeben.

POST

Postämter haben meist von 9 bis 19 Uhr geöffnet. Hier können Sie telefonieren und oft auch ins Internet.

SICHERHEIT

Am Flughafen Kiew kommt es häufiger zu Diebstählen aus dem Gepäck. Schließen Sie Koffer ab und verstauen Sie Wertgegenstände im Handgepäck. In U-Bahnen und Bussen sind Taschendiebe unterwegs. In der Vergangenheit kam es vereinzelt zu rassistisch motivierten Übergriffen auf Ausländer mit nichteuropäischem Aussehen.

STROM

Die Netzspannung beträgt 220 Volt. Adapter sind nicht notwendig.

TAXI

Die meisten Taxis besitzen keinen Taxameter. Nennen Sie Ihr Ziel und den Preis, den Sie zahlen wollen. Eine Fahrt im Kiewer Zentrum sollte nicht mehr als 40 UAH kosten, die Strecke vom Flughafen Boryspil ins Zentrum etwa 150 UAH. Taxirufzentralen sagen den Preis an. Manchmal spricht man dort Englisch.

TELEFON & HANDY

Handygespräche sind durch Roaming sehr kostspielig. Günstiger wird es mit einem Prepaid-Paket (ukr. SIM-Karte plus Guthaben), die von Straßenhändlern angeboten werden. Auch für Festnetzanrufe in die EU werden Prepaid-Karten verkauft. Nach Deutschland wählen Sie 0049, für Österreich 0043, für die Schweiz 0041, dann die Ortsvorwahl ohne Null und die Telefonnummer. Die Vorwahl der Ukraine lautet 0038.

TRINKGELD

In Restaurants und Cafés sind 5–8 Prozent üblich. Legen Sie das Trinkgeld in das Mäppchen, in dem Sie das Wechselgeld zurückbekommen. Bei Ausländern und größeren Gruppen schlagen manche Gastronomen automatisch eine Bedienpauschale auf. Prüfen Sie Ihre Rechnung: Bedienung heißt обслуживание (Obslushiwanije).

UNTERKUNFT

In Touristenorten bieten Ukrainer an Bahnhöfen oder Bushaltestellen Privatquartiere an. Klären Sie möglichst viel vorab (Dusche, Frühstück, Erreichbarkeit), natürlich auch den Preis. Agenturen vermieten modern eingerichtete Apartments, auch online. Camping- und Zeltplätze haben oft sehr einfachen Standard. Viele Hausbesitzer erlauben das Zelten auf ihrem Grundstück.

ZEIT

Bei der Einreise müssen Sie die Uhr um eine Stunde vorstellen. Die Sommerzeit gilt wie in Westeuropa.

ZOLL

Kunstgegenstände, die nach 1950 hergestellt wurden, dürfen ausgeführt werden. Für bestimmte Antiquitäten gelten Sondervorschriften (vgl. Reisehinweise: *www.auswaertiges-amt.de*). Zollfrei dürfen Sie mitnehmen: 1 l Spirituosen und 4 l Wein und 16 l Bier. 200 Zigaretten oder 250 g Tabak sowie andere Waren für bis zu 300 Euro (Flugreisende: 430 Euro).

> Розмовляєш українською?

Sprichst du Ukrainisch? Dieser Sprachführer hilft Ihnen, die wichtigsten Wörter und Sätze auf Ukrainisch zu sagen.

Aussprache

Zur Erleichterung der Aussprache sind alle ukrainischen Wörter mit einer einfachen Aussprache (in Klammern) versehen. Die betonte Silbe ist in der Aussprache immer durch ein Akzentzeichen ´ markiert.

Г	h	h	„h" wie in **H**ase (immer hörbar, auch zwischen Vokalen)
Ж	ž	sch	ein stimmhaftes „sch" wie in Gara**g**e
З	z	s	ein stimmhaftes „s" wie in **S**ommer
И	y	y	ein halboffenes „i" wie in G**e**mälde
С	s	s	ein stimmloses „s" wie in Flu**ss**
Ц	c	z	„ts" wie in **Z**oo
Ч	č	tsch	„tsch" wie in Deu**tsch**
Ш	š	sch	„sch" wie in **Sch**ule
Щ	šč	schtsch	„schtsch" wie in Bor**schtsch**
Ь	’	’, j	ein Weichezeichen bedeutet, dass der vorhergehende Konsonant „weich" ist

AUF EINEN BLICK

Ja./Nein.	Tak. [Tak]/Ni. [Ni]	Так./Ні.
Vielleicht.	Móže. [Mósche]	Може.
Bitte.	Próšu./Bud’ láska. [Próschu/Bud’ láska]	Прошу./ Будь ласка.
Danke.	D’ákuju. [Djákuju]	Дякую.
Gern geschehen (bitte schön).	Prošu dúže. [Próschu dúsche]	Прошу дуже.
Entschuldigung! Pardon!	Wýbačte. [Wýbatschte]	Вибачте.
Wie bitte?	Próšu? [Próschu?]	Прошу?
Ich verstehe (nicht).	(Ne) rozumíju. [(Ne) rosumíju]	(Не) розу мію.
Was ist das?	Ščó ce? [Schtschó ze?]	Що це?
Ich möchte (nicht) …	Ja (ne) chóču ... [Ja (ne) chótschu]	Я (не) хочу …
Das gefällt mir (nicht).	Mení ce (ne) podóbajet’s’a. [Mení ze (ne) podóbajezja …]	Мені це (не) подобається.
Haben Sie …?	U vas je …? [U was je?]	У вас є …?
Wie viel Uhr ist es?	Kotrá hodýna? [Kotrá hodýna?]	Котра година?

KENNENLERNEN

Guten Tag!/Abend!	Dóbryj den’!/Dóbryj wéčir! [Dóbryj den’/Dóbryj wétschir]	Добрий день!/ Добрий вечір!

SPRACHFÜHRER UKRAINISCH

Hallo! Grüß dich! Tschüss!	Pryvít! [Prywít]	Привіт!
gegenüber einem(r) Älteren	Vitáju! [Witáju!]	Вітаю!
Wie geht es Ihnen/dir?	Jak správy? [Jak spráwy]	Як справи?
Erfreut, Sie kennenzulernen!	Pryjémno z vámy poznajómytys'! [Pryjémno s wámy posnajómytys']	Приємно з вами познайомитись!
Mein Name ist …	Mené zváty … [Mené swaty]	Мене звати …
Auf Wiedersehen!	Do pobáčenn'a! [Do pobátschenja]	До побачення!

UNTERWEGS

AUSKUNFT

links/rechts	l'ivóruč [liwórutsch]/ pravóruč [prawórutsch]	ліворуч/ праворуч
geradeaus	pr'jámo [prjámo]	прямо
nah/weit	blýz'ko [blýs'ko]/daléko [daléko]	близько/далеко
Sagen Sie, bitte wo ist …?	Skažít', bud' láska, de je … [Skaschít', bud' láska, de je]	Скажіть, будь ласка, де є …
… der Hauptbahnhof?	… vokzál? [woksál]	… вокзал?
… der Flughafen?	… aeropórt [aeropórt]	… аеропорт?
… das Hotel?	… hotél' [hotél]	… готель?
Ich möchte … mieten.	Ja chóču výnajn'aty … [Ja chótschu wýnajnjaty]	Я хочу винайняти …
… ein Fahrrad …	… velosypéd [welossypéd]	… велосипед.
… ein Auto/… Taxi	… ávto [áwto]/… taksí [taksí]	… авто./… таксі.
Wie weit?	Jak daléko? [Jak daléko?]	Як далеко?

UNFALL

Hilfe!	Na dopomóhu! [Na dopomóhu!]	На допомогу!
Achtung!/Vorsicht!	Uváha! [Uwáha]/ Oberéžno! [Oberéschno]	У вага! Обережно!
Rufen Sie schnell …	Nehájno výklyčte … [Nehájno wýklytschte]	Негайно викличте …
… einen Arzt.	… l'íkar'a. [líkarja]	… лікаря.
… Krankenwagen.	… švydkú. [schwydkú]	… швидку.
… die Polizei.	… pol'íciju. [políziju]	… поліцію.
… die Feuerwehr.	… požéžnykiv. [poschéschnykiw]	… пожежників.
Haben Sie … Verbandszeug?	Májete [Májete] … aptéčku? [aptétschku]	Маєте … аптечку?

ESSEN

Wo gibt es hier …	De tut je … [De tut je]	Де тут є …

… ein gutes Restaurant?	… dóbryj restorán? [dóbryj restorán]	… добрий ресторан?
Auf Ihr Wohl!	Búd’mo! [Búd’mo]	Будьмо!
Das Essen ist sehr gut.	Dúže smáčno. [Dúsche smátschno]	Дуже смачно.
Bezahlen, bitte.	Próšu rachúnok. [Próschu rachúnok]	Прошу рахунок.

EINKAUFEN

Wo finde ich …	De tut je … [De tut je]	Де тут є …
… eine Apotheke?	… aptéka? [aptéka]	… аптека?
… Fotoartikel?	… fototováry? [fototowáry]	… фототовари?
… Bäckerei/Brotladen?	… chlíbnyj? [chlíbnyj]	… хлібний?
… ein Lebensmittelgeschäft?	… produktóvyj? [produktówyj]	… продуктовий?
… ein Kaufhaus/Geschäft?	… univermáh/kramnyc’a? [uniwermáh/kramnyzja]	… універмаг/крамниця?
… einen Markt?	… bazar? [basar]	… базар?

> ALPHABET UND UMSCHRIFT

Kleiner Entzifferungshelfer

Kyrillischer Buchstabe		Transkription		Transliteration		Kyrillischer Buchstabe		Transkription		Transliteration	
А	а	A	a	A	a	Н	н	N	n	N	n
Б	б	B	b	B	b	О	о	O	o	O	o
В	в	W	w	V	v	П	п	P	p	P	p
Г	г	H	h	H	h	Р	р	R	r	R	r
Ґ	ґ	G	g	G	g	С	с	S	s	S	s
Д	д	D	d	D	d			(zwischen Vokalen auch ss)			
Е	е	E	e	E	e	Т	т	T	t	T	t
Є	є	Je	je	Je	je	У	у	U	u	U	u
Ж	ж	Sch	(Sh)			Ф	ф	F	f	F	f
		sch	(sh)	Ž	ž	Х	х	Ch	ch	Ch	ch
З	з	S	s	Z	z	Ц	ц	Z	z	C	c
И	и	Y	y	Y	y	Ч	ч	Tsch	tsch	Č	č
І	і	I	i	I	i	Ш	ш	Sch	sch	Š	š
Ї	ї	Ji	ji	Ji	ji	Щ	щ	Schtsch	schtsch	Šč	šč
Й	й	J	j	J	j			(Stsch)	(stsch)		
К	к	K	k	K	k	ь		(–) bzw. j		’ bzw. j	
		(statt ks auch x)								(Weichheitszeichen)	
Л	л	L	l	L	l	Ю	ю	Ju	ju	Ju	ju
М	м	M	m	M	m	Я	я	Ja	ja	Ja	ja
						’		(–)		’	

In diesem Band finden Sie zwei Arten der Umschrift: für den Text die lautgerechte Übertragung in das lateinische Alphabet; für die Karten die Transliteration.

Was kostet dieses …?	Skìl'ky kóštuje ce …? [Skìlky kóschtuje ze]	Скільки коштує це …?

ÜBERNACHTUNG

Können Sie mir bitte … empfehlen?	Móžete porekomenduváty mení … [Móschete porekomenduwáty mení]	Можете порекомендувати мені …
… ein Hotel	… hotél'? [hotél]	… готель?
… eine Pension	… pansión? [pansión]	… пансіон?
Haben Sie noch …	U vas šče je … [U was schtsche je]	… У вас ще є…
… ein Einzelzimmer?	… odnomísnyj nòmer? [odnomísnyj nòmer]	… одномісний номер?
… ein Zweibettzimmer?	… dvomísnyj nómer? [dwomísnyj nómer]	… двомісний номер?
… mit Dusche/Bad?	… z dúšem/vánnoju? [s dúschem/wánnoju]	… з душем/ ванною?
… für eine Nacht?	… na odnú nič? [na odnú nitsch]	… на одну ніч?
… für eine Woche?	… na týžden'? [na týschden']	… на тиждень?
Was kostet das Zimmer …	Skíl'ky kóštuje nómer … [Skílky kóschtuje nómer]	Скільки коштує номер …
… mit Frühstück?	… zi snidánkom? [si snidánkom]	… зі сніданком?

PRAKTISCHE INFORMATIONEN

Können Sie mir einen Arzt empfehlen?	Móžete porekomenduváty mení l'ikar'a? [Móschete porekomenduwáty mení likarja]	Можете порекомендувати мені лікаря?
Ich habe …	U méne … [U méne]	У мене …
… Fieber.	… har'áčka [harjátschka]	… гарячка
… Durchfall.	… diaréja [diaréja]	… діарея
… Kopfschmerzen.	… bolýt' holová [bolýt' holowá]	… болить голова
… Zahnschmerzen.	… bolýt' zub [bolýt' sub]	… болить зуб
Wo ist hier bitte …	De tut je [De tut je]	Де тут є
… eine Bank?	… bank? [bank]	… банк?
… eine Wechselstube?	… óbmin val'ut? [óbmin waljut]	… обмін валют?
Was kostet …	Skil'ky kóštuje … [Skilky kóschtuje]	Скільки коштує …
… ein Brief …	… lyst … [lyst]	… лист …
… eine Postkarte …	… lystívka … [lystíwka]	… листівка …
… nach Deutschland?	… do Niméčyny? [do Nimétschyny]	… до Німеччини?

Khanspalast von Bachtschisaraj

> UNTERWEGS IN DER UKRAINE

Die Seiteneinteilung für den Reiseatlas finden Sie auf dem hinteren Umschlag dieses Reiseführers

REISE ATLAS

A
B
C
1
3
4
5
6
50 km
Radzyń Podlaski
Wisznice
Sławatycze
Bradzjacin
Makrany
Malaryta
Vel. Hluša
Ryki
Kock
Parczew
Dęblin
Puławy
Wieprz
Kurów
Lubartów
Łęczna
Poleski P.N.
Włodawa
Tomaševska
Pišča
Šac'k
Šacc'kyj nac. park
Ratne
Kamin
Krymne
Stara Vyžívka
Turja
Zachidnyj Buh
Pryp'jat'
Woj. lubelskie
LUBLIN
Lipsko
Opole Lubelskie
Piaski
Chełm
Ljubomil'
Kovel'
Volyns'ka oblast'
Turijs'k
POLSKA
Krasnystaw
Wysokie
Kraśnik
Ożarów
Teratyn
Verba
Volodymyr-Volyns'kyj
Hrubieszów
Ustyluh
Lokači
Janów Lubelski
Sandomierz
Tarnobrzeg
Zamość
Novovolyns'k
Žovtneve
Stalowa Wola
Nisko
Zwierzyniec
Roztoczański P.N.
Biłgoraj
Tomaszów Lubelski
Kotlina Sandomierska
Bohorods'kyj Kostel
Horochiv
Sokal'
Puszcza Sandomierska
Tarnogród
Bełżec
Červonohrad
Volyns'ka vysočyna
Woj. podkarpackie
Cieszanów
Sosnivka
Radechiv
Rava-Rus'ka
Velyki Mosty
Lopatyn
Lvivs'ka
Malepolissja
Przeworsk
Lubaczów
Nemyriv
RZESZÓW
Jarosław
Radymno
Javorivs'kyi nac. p.
Žovkva
Kam'janka-Buz'ka
Javoriv
Staryči
Ivano-Frankove
Krechiv
Bus'k
Oles'ko
Olesskyj zamok
LVIV
Medyka
Sudova Vyšnja
Rudne
Vynnyky
Zach. Buh
Zoločiv
Dynów
Przemyśl
Mostys'ka
Horodok
Kurovyči
Vel. Vil'šanycja
Krosno
Blizne
Bircza
Nyžankovyči
Vel. Ljubin'
Haczów
Dobromyl'
Rudky
Komarno
Bibrka
Peremyšljany
Mykolajivs'ka cerkva
Pomorjany
Opillja
Sanok
Lesko
Chyriv
Sambir
Mykolajiv
Nov. Rozdil
Przełęcz Dukielska
Ustrzyki Dolne
Staryj Sambir
oblast'
Drohobyč
Chodoriv
Berežany
cerkva Česnoho Vozdvyžennja chresta
Žydačiv
Rohatyn
Boryslav
Truskavec'
Stryj
Žuravno
Burštyn
Cisna
Bieszczadzki P.N.
Bieszczady
Turka
San
Poloniny
Ustrzyki Górne
Verchnje Syn'ovydne
Moršyn
Halyč
Dnister
Monastyrys'k
Prešovsky kraj
Skolivs'ki Beskydy
Skole
Bolechiv
Kaluš
Snina
Humenné
Velykyj Bereznyj
Vihorlatské vrchy
Tuchol'ka
Dolyna
IVANO-FRANKIVS'K
Tysmenycja
Tlumač
Vel. Zemplínska Šírava
Perečyn
Schidni Karpaty
Perehins'ke
Bohorodčany
Tibava
Nyž. Vorota
Voloveć
Otynija
UŽHOROD
Vyškiv
Veľké Kapušany
Holubyne
Svaljava
Majdan
Nadvirna
Cynadijovo
Nac. p. Synevyr
Mižhir'ja
Maksymec'
Deljatyn
Prut
Čop
Velyka Dobron'
Mukačeve
Koločava
Jaremča
Ivano-Frankivs'ka oblast'
Zakarpats'ka oblast'
Dovhe
Paljanytsja
Iršava
Ust'-Čorna
Jasinja
Vorochta
nacional'nyj p.
Hucul'ščyna
Kisvárda
Vesevyjats'kyj kostel
Janoši
Berehove
palac pereni
Chust
Terebljia
Karpats'kyj zapovidnyk
Vyžnycja
Szabolcs-
Dubove
h. Hoverla
Verchovyna
Vásárosnamény
MAGYARORSZÁG
Vynohradiv
Buštyno
Rachiv
Baktalórántháza
Mátészalka
Vyškovo
Teresva
Bila Tysa
Čornyj Čeremoš
Bilyj Čeremoš
Szatmár
Nagykálló
Nagygéc
Satu Mare
Livada
Negrești-Oaș
Vel. Byčkiv
Dilove
Sighetu Marmației
Nyírbátor
SATU MARE
Bereg
Maramureș
Hărniceşti
Seljatyn
Šepit
Nyíradony
Seini
Viseu
E373
E372
E371
E40
E471
E50
E81
E573
E85
M06
M07
M08
M09
M10
M11
P03
P04
P05
P25
P39
P98

D
E
F
BELARUS'
Prypjacki dzjaržavny zapavednik
Rivnens'kij zapavidnik
Rivnens'kij zapav.
Rovns'ka oblast'
Žitomyrs'ka oblast'
Volyns'ka
Chmel'nyc'ka oblast'
Podil's'ka vysočyna
Vinnyc'ka oblast'
Černivec'ka obl.
MOLDOVA
Codrii
Bessarabija
ROMÂNIA
Botoşani
Suceava
1
2
3
4
5
6
Kalodnaje
Stolin
Moročne
Zarične
Liel'čycy
Jel's
Drozdyn'
Hluškavičy
Hrabjani
Dubrovycja
Chočyne
Slovečne
Ovruč
Volodymyrec'
Sarny
Klesiv
Rokytne
Olevs'k
Kuznecovs'k
Horodec'
Novi Bilokorovyči
Luhyny
Vas'kovyči
Kolky
Stepan'
Malyns'k
Borove
Berezne
Korosten'
Kostopil'
Jemil'čyne
Sімakivka
Cuman'
Sosnove
Horodnycja
Nova Borova
Orživ
Novohrad-Volyns'kyj
Volodars'k-Volyns'kyj
RIVNE
Korec'
Hošča
Mlyniv
Zdolbuniv
Berezdiv
Kurne
Červonoarmijs'k
Černjachiv
Dubno
Dubrivka
Baranivka
ŽYTOMYR
Ostroh
Slavuta
Zalužne
Vysoka Pič
Šepetivka
Polonne
Čudniv
Kremenec'
Lenkivci
Vel. Dederkaly
Bilohir'ja
Ljubar
Berdyčiv
Vyšnivec'
Lanivci
Ivanopil'
Teofipol'
Starij Ostropil'
Brodec'ke
Kozjatyn
Zbaraž
Bazalija
Starokostjantyniv
Krasyliv
Stara Synjava
Chmil'nyk
TERNOPIL'
Voločys'k
Vijtivci
Uladivka
Kalynivka
Skalat
CHMEL'NYC'KYJ
Medžybiž
Letyčiv
Turbiv
Terebovlja
Sataniv
Jarmolynci
Deražnja
Lityn
VINNYCJA
Luka-Bars'ka
Zakupne
Horodok
Brajiliv
Hnivan'
Voronovycja
Kopyčynci
Husjatyn
Bar
Karmelitskyj monastyr
Vin'kivci
Žmerynka
Tyvriv
Čortkiv
Dunajivci
Smotryč
Kopajhorod
Skala-Podil's'ka
Zaričanka
Nova Ušycja
Špykiv
Pečera Kristaličeska
Borščiv
Šarhorod
Džuryn
Kryvče
Murovani Kurylivci
KAM'JANEC'-PODIL'S'KYJ
Zališčyky
Mel'nycja-Podil's'ka
Tomašpil'
Zastavna
Chotyn
Romankivci
Kel'menci
Sokyrjany
Ocnița
Mohyliv-Podil's'kyj
Kicman'
Nedobojivci
Kryžopil'
Briceni
Jampil'
ČERNIVCI
Lipcani
Dondușeni
Novoselycja
Corjeuți
Edineț
Tîrnova
Zgurița
Soroca
Storožynec'
Darabani
Cupcini
Drochia
Camenca
Hlyboka
Zăicani
Dorohoi
Săveni
Rîșcani
Florești
Vicovu de Sus
Siret
Vârfu Câmpului
Costești
Cotiujeni
Rădăuți
BOTOȘANI
Glodeni
BĂLȚI
Soldănești
Sluč
Horyn'
Styr
Ubort'
Už
Žeriv
Slovečna
Smolka
Teteriv
Vilija
Pivdennyj Buh
Zbruč
Seret
Nič
Ušycja
Ljadova
Murafa
Dnister
Prut
Răut
Tovtry
Podil's'ki Tovtry
Nac.p.
M21
M07
M06
E40
E373
M08
P10
M20
P32
M19
E85
M12
E50
P36
E583
R8
R9
M14
P11
M2
R7
R19
29A
29
2
17A

131
130
170

A
B
C
1
2
3
4
5
6
50 km
BELARUS'
Homeľskaja voblasc'
Prypjacki dzjaržaŭny zapavednik
Paleski radyjacyjna-èkalagičny zapavednik
Rivnens'kij zapav.
Žitomyrs'ka oblast'
Kyjivs'ka oblast'
Prydniprovs'ka vysočyna
Podil's'ka vysočyna
Vinnyc'ka oblast'
Čerka
Kyjivs'ke vodoschovyšče
Karmelitskyj monastyr
Landšaftnyj park "Sofijivka"
Mikaševičy
Žytkavičy
Kapatkievičy
Pietrykaŭ
Turaŭ
MAZYR
Kalinkavičy
Vasilievičy
KaravaciČy
Recyca
Cholmieč
Lojeŭ
Jeŕsk
Naroŭlja
Dabryn'
Shojniki
Brahin
Ljubeč
Lieĺčycy
Hluškavičy
Hrabjani
Čočyne
Slovečne
Rudnja
Davljady
Pirki
Slavutyč
Kirava
Ovruč
Nova Radča
Pryp'jat'
Čornobyľ
Olevs'k
Novi Bilokorovyči
Narodyči
Polis'ke
Luhyny
Vas'kovyči
Stracholissja
Termachivka
Korosten'
Ivankiv
Fenevyči
Jemiľčyne
Sìmakivka
Pyrižky
Malyn
Dymer
Vyšča Dubečnja
Novohrad-Volyns'kyj
Nova Borova
Piskivka
Borodjanka
Vyšhorod
Volodars'k-Volyns'kyj
Potijivka
Klavdijevo-Tarasove
Buča
Hostemeľ
Kurne
Červonoarmijs'k
Černjachiv
Radomyšľ
Makariv
Kocjubyns'ke
Dubrivka
Baranivka
Korostyšiv
Kočeriv
Ljubymivka
KYJIV
Zalužne
ŽYTOMYR
Brusyliv
Byšiv
Hlevacha
Polonne
Vysoka Pič
Kalynivka
Vasyľkiv
Obuchiv
Čudniv
Koteĺnja
Fastiv
Andrušivka
Velyka Vil'šanka
Ljubar
Berdyčiv
Popil'nja
Hrebinky
Ivanopil'
Kašperivka
Včorajše
BILA CERKVA
Kaharlyk
Ostropil'
Uzyn
Brodec'ke
Kozjatyn
Ružyn
Skvyra
Stara Synjava
Chmil'nyk
Rokytne
Uladivka
Tarašča
Bohuslav
Pohrebyšče
Volodarka
Kalynivka
Letyčiv
Turbiv
Tetijiv
Luka
Korsun
Lityn
Stavyšče
VINNYCJA
Lypovec'
Lysjanka
Žytnyky
Žaškiv
Orativ
Brajiliv
Hnivan'
Voronovycja
Illinci
Ryzyne
Bar
Žmerynka
Buky
Ryžanivka
Tyvriv
Nemyriv
Dašiv
Man'kivka
Kopajhorod
Monastyryšče
Talne
Chrystynivka
Braclav
Hajsyn
Uman'
Šarhorod
Špykiv
Kurylivci
Dzuryn
Tyl'čyn
Ladyžyn
Teplyk
Novoarchanhel's'k
Tomašpil'
Kyrnasivka
Vapnjarka
Trostjanec'
Semyduby
Mohyliv-Podil's'kyj
Obodivka
Kryžopil'
Beršad'
Hajvoron
Holovanivs'k
Dondušeni
Sal'kove
Ul'janovka
Jampil'
Tirnova
Pryp'jat'
Slovečna
Ubarć
Teteriv
Už
Sluč
Žeriv
Irša
Zdviž
Desna
Ros'
Hnilij Tikič
Sob
Murafa
Pivdennyj Buh
Dnipro
Brahinka
Ljadova
M10
M07
M06
M05
M12
M20
M23
P88
P31
P33
P35
P10
P27
P32
P36
P93
R8
R9
E373
E583
E95
E50
Kyjiv
2
K
130

D
E
F
69
Klimovo
Ponurovka
Suzemka
E101
Desnjans'ko-Starohuts'kyj nac. p.
Znob'-Novhorods'ke
Brjanskaja oblast'
Kamjans'ka Sloboda
Kostobobriv
Cierachoŭka
Lienina
Seredyna Buda
Sevsk
Dmitriev-L
Semenivka
204
Maševe
Revna
Družba
Podyvot'e
Chrinivka
Vovna
Novhorod-Sivers'kyj
E38
Homutovka
Tychonovyči
Jampil'
Desna
M02
231
170
Horodnja
Cholmy
Šostka
Amon'
Ščors
74
87
Korjukivka
Avdijivka
Voroniž
Červone
P20
Hluchiv
Snov
ROSSIJA
Černihivs'ka
Berezna
Korop
Šalyhyne
Ryl'sk
218
Mena
Sosnycja
Krolevec'
Kurskaja oblast'
Sejm
Mutyn
Nova Sloboda
Gluškovo
Kulykivka
Baturyn
E101
Chovmy
Duchanivka
Putyvl'
2
Tětkino
M02
Borzna
260
Konotop
Vertijivka
Bachmač
Dubov'jazivka
Buryn'
Vorožba
Bilopillja
E391
Lychačiv
Sambir
Chotin'
Ivanhorod
Sums'ka
Nižyn
Terny
Dmytrivka
Nosivka
Udaj
Chmeliv
Žovtneve
Sula
oblast'
Ičnja
182
Nedryhajliv
Parafijivka
Talalajivka
Štepivka
152
Monastyryšče
Vil'šana
Bobrovycja
P01
Romny
3
Makijivka
Sribne
Kapustynci
Lebedyn
Pryluky
Petrivske
P01
Andrijašivka
Lypova Dolyna
Nova Basan'
Zhurivka
Synivka
Lynovycja
Varva
Červonozavods'ke
Čupachivka
Baryšivka
Hadjač
Vepryk
Lochvycja
Komyši
Berezan'
Jahotyn
M03
Pyrjatyn
Čornuchy
Zin'kiv
200
Udaj
Žđany
Vyrišal'ne
Komyšnja
Šramkivka
E40
Chorol
Tašan'
Hrebinka
Poltavs'ka
Perejaslav-Chmel'nyc'kyj
Lubny
Velyki Soročynci
202
Opišnja
Kanivs'ke vodoschovyšče
Drabiv
Romodan
Myrhorod
Šyšaky
Supoj
Bilousivka
Berezniaky
Oržycja
Ps'ol
Dykan'ka
Piščane
Oržycja
Velyka Bahačka
Sula
Chorol
Kaniv
Chorol
M19
Podil
POLTAVA
Zolotonoša
Čornobaj
137
Rosava
Semenivka
Iraklijiv
Obolon'
Rešetylivka
Mošny
2
Velyki Krynky
ka miscevisc' "Mošens'ka dubrava"
Kremenčuc'ke vdsch.
P02
E577
ČERKASY
Hlobyne
Vorskla
Novi Sanžary
P14
Horodyšče
Smila
P15
Hradyz'k
Omel'nyk
Kobeljaky
5
252
155
P17
Nova Haleščyna
M04
Holovkivka
Čyhyryn
KREMENČUK
Kam'janka
Svitlovods'k
Špola
Oleksandrivka
Hlyns'k
Pavlyš
P02
Svitlohirs'ke
Derijivka
Dniprodzeržyns'ke vdsch.
Inhulec'
Kalyhirka
P16
Zybkove
Novomyrhorod
Jelyzavethradka
P17
Oleksandrija
2
Lychivka
228
Velyka Vys
Mala Vyska
Inhul
E50
Znam'janka
Kukolivka
Verchn'odniprovs'k
Dnipropetrovs'ka
231
Smoline
E577
E50
KIROVOHRAD
Dymytrove
oblast'
6
Oleksandrivka
M04
Vil'nohirs'k
M13
Kirovohrads'ka
P'jatychatky
Verchivceve
Balachivka
Žovti Vody
Petrove
E50
E577
108
Novhorodka
266
Rivne
Kompanijivka

131

A
B
C
1
2
3
4
5
6
Hluchiv
Bašnja Šamilja
Kurčatov
KURSK
Besedino
Šalyhyne
Ryl'sk
P199
Ľgov
Vyšnie Dereven'ki
E38
234
Prjamicyno
Kolodnoe
Tim
Kurskaja oblasť
Nova Sloboda
Korenevo
Medvenka
Solncevo
Pužači
Putyvl'
Gluškovo
Skorodnoe
268
Reutec
137
Sejm
Tětkino
Buryn'
Vorožba
Bilopillja
Sudža
Obojan
Pristen
Vjazovo
P01
Junakivka
Chotin'
Belica
Dolgie Budy
Psel
Skorodnoe
Sums'ka oblasť
Terny
Nova Rjabyna
Ivnja
Aleksandrovskij
Belgorodskaja oblasť
Žovtneve
SUMY
Bobrava
Belenihino
Nedryhajliv
Sula
E105
Jakolevo
Vil'šana
Štepivka
Krasnaja Jaruga
Proletarskij
Dragunskoe
M2
Zajač'e
Kapustynci
Ps'ol
Vorožba
Krasnopillja
P17
Tomarovka
Seversky Donec
P185
Boromlja
Mezenivka
+2h Gr. T.
+3h Gr. T.
Borisovka
BELGOROD
Lebedyn
Synivka
Vorskla
Grajvoron
Kupino
Trostjanec
Velyka Pysarivka
Udy
Oktabr'skij
Šebekino
Hadjač
Vepryk
Cupachivka
Kazača Lopan'
Komyši
Murom
Ochtyrka
Zoločiv
M27
81
Vovčans'k
Zin'kiv
Polkova
Bohoduchiv
Lypci
Bilyj Kolodjaz'
Poltavs'ka oblasť
Derhači
M03
Kotel'va
Krasnokuts'k
Vil'šany
CHARKIV
Pečenižske vdsch.
Soročynci
202
Opišnja
149
Šyšaky
Velyka Rublivka
Bahačka
P17
Dykan'ka
Kolomak
Valky
Merefa
Vasyščeve
Čuhujiv
Bazalijivka
Artemivka
145
POLTAVA
E40
Čutove
211
M26
Nova Vodolaha
Zmijiv
Ševčenkove
Biluchivka
Charkivs'ka oblasť
Taranivka
Lyman
Volochiv
Rešetylivka
Opčyk
Andrijivka
P18
E577
Mašivka
Karlivka
Sivers'kyj Donec
E40
Krasnohrad
Pervomajs'kyj
Balaklija
Savynci
Novi Sanžary
Berestova
Bereka
195
Kobeljaky
Kehyčivka
Lozivs'ke
155
Maleščyna
Oreľ
Nechvoroščа
E105
Izjum
Kanal Dnipro-Donbas
Buzivka
Sachnovščyna
Krasnopavlivka
Hrušuvacha
Pereščepyne
Caryčanka
Oreľ
Kanal Dnipro-Donbas
Svitlohirs'ke
Mahdalynivka
Šandrivka
Oril'ka
Lozova
Barvinkove
Dniprodzeržyns'ke vdsch.
187
Hubynycha
M26
P32
Blyznjuky
Lychivka
Petrykivka
Samara
Novov'jazivs'ke
Jur'jivka
KRAMA
Dnipropetrovs'ka oblasť
Dobrovillja
Oleksandrivka
Novomoskovs'k
DNIPRODZERŽYNS'K
M2
PAVLOHRAD
Ternivka
Dobropillja
KOST
Verchivceve
DNIPROPETROVS'K
M04
E50
Petropavlivka
E50
Mykolajivka
Dmytrivka
232
Bik
266
Synel'nykove
KRASNOARMIJS'K
E105
Vovča
Solone
82
103
Vasyl'kivka
Mežova
Dnipro
Michajlivka
Pys'menne
Demuryne
Selydo
192
P02
M26
Slavhorod
Novopavlivka
Novopokrovka
Zaporižžs'ka oblasť
Havrylivka
Čumaky
Pokrovs'ke
Bahatyr
Kurach
Vyl'njans'k
Novomykolajivka
Bazavluk
ZAPORIŽŽJA
Ternuvate
Tomakivka
Vel. Novosilka
Ordžonikidze
Kamyšuvacha
Ljubyc'ke
Uspenivka
Pavlivka
NIKOPOL
Marhanec'
Konka
Huljajpole
Gajčur
Mokri Jaly

132

VORONEŽ
Kastornoe
Olymskij
Niž. Veduga
Semiluki
Orlovo
Ščutenskie Peski
Perelešinskij
Kozlo
Panino
Rostoši
Nov. Usman'
Verhneturovo
Hohol'skij
Devica
Rogačevka
Anna
Arhangel'koe
Goršečnoe
Jasenki
Staronikol'skoe
Gremjač'e
Boeve
Kirušca
Tišanka
Sinie Lipjagi
Krasn. Log
Ikorec
Sinjavka
Staryi Oskol
Korošilovo
Istobnoe
Os'kino
Korševo
Bitjug
ubkin
Sloboda
Ela
Davydovka
Talovaja
Soldatskoe
Rossoši
Rep'evka
Sred.-Ikorec
Bobrov
50 km
Potudan'
LISKI
Mečetka
Niž. Kisljaj
Vasil
Buturlinovka
Volotovo
Lesnoe Ukolovo
Divnogor'e
Ostrogožsk
Peščcernyi monastyr
Userdec
Marki
Novyj Oskol
Tichaja Sosna
Kamenka
Losevo
Šipovles
Voroncovka
Vorc
Slonovka
Veselaja
Zasosna
Ilovka
Alekseevka
Tatarino
Saguny
Don
Osered'
Petrovka
Volokonovka
Gončarovka
Beloger'e
Pavlovsk
Melovatka
Kalač
Livenka
Podgorenski
Russkajy Žuravka
Nikitovka
Sovetskoe
Ol'hovatka
Peski
Tolučeevka
Černaja Kalitva
Rossoš'
Verh. Mamon
Kazinaka
Valujki
Star. Kalitva
Petr
Urazovo
Vejdelevka
Ekaterinovka
Nov. Kalitva
Ajdar
Berezn
Oskol
Belyi Kolodez'
Aleksandrovka
Mitrofanovka
Bogučar
Roven'ki
Trojic'ke
Suhoj Donec
Taly
Lozno-Oleksandrivka
Volokonovka
Petropavlivka
Pokrovs'ke
Biloluc'k
Kantemirovka
Kup'jansk-Vuzlovyj
Kam'janka
Niž. Duvanka
Bilokurakyne
Novopskov
Markivka
Sen'kove
Krasna
Luhans'ka
Pyvnivka
Svatove
Lyman
Derkul
Čertkovo
Setral
Borova
Mistky
Kalitva
Pisky Rad'kivs'ki
Žerebec'
Starobil's'k
Bilovods'k
Krasnoričens'ke
Šul'hynka
Jevsuh
Baranykivka
onal'nyj park Svjati Hory
oblast'
Nova Astrachan'
Horodyšče
Kremінna
Koljadivka
Kaša
atohirs'k
Kr. Lyman
SJEVERODONEC'K
Novoajdar
Millerovo
LYSYČANS'K
Borivs'ke
Rajhorodka
Bol'šečernigivka
Vološino
Krivoro
Jama
SLOV'JANS'K
Siv. Donec'
Petrivka
Tarasovskij
Zolote
Donec'kyj
Slov'janoserbs'k
Rostovskaja
Soledar
Stanyčno-Luhans'ke
Čebotovka
Časiv Jar
Lopasna
Pervomajs'k
KADIJIVKA
Glubokij
Artemivs'k
LUHANS'K
Luhan'
Novosvitlivka
BRJANKA
ALČEVS'K
Lutuhyne
Svitlodars'k
Uspenka
Doneck
Kamensk-Šahtinskij
Gornjack
HORLIVKA
Debal'ceve
Čornuchyne
Simejkyne
Krasnodon
Ivanivka
Belaja Kalitva
JENAKIJEVE
Lihovskoj
Velyka Kamjanka
Kirovs'ke
KR. LUČ
Jasenivs'kyj
avata
Sverdlovs'k
Antracyt
MAKIJIVKA
Šachtars'k
Roven'ky
Gukovo
Sinegors'
Snižne
Nagol'na
DONEC'K
Ilovajs'k
Krasnyj Sulin
Kundrjuč'ja
Krynka
Novoborovyci
Dokučajevs'k
Amvrosijivka
Kujbyševo
ŠAHTY
a oblast'
Starobeševe
lovotrojic'ke
Ust'
Voronežskaja oblast'
Srednerusskaja
D
F
1
2
3
4
5
6
S
A
J
E38
P194
M4
E115
P188
P09
P40
M04
M03
E50
E40
A144
P19
225
233
236
209
179
123
118
74
182
178
202

133

126
130
MOLDOVA
Bessarabija
Odes'ka obl
Vaslui
Galați
ROMÂNIA
Tulcea
Brăila
ČORNO
Dondușeni
Soroca
Drochia
Florești
Bălți
Rîbnița
Orhei
Ungheni
Chișinău
Tighina (Bender)
Tiraspol
Dubăsari
Vaslui
Huși
Leova
Cimișlia
Comrat
Ceadîr-Lunga
Cahul
Galați
Brăila
Izmajil
Reni
Kilija
Vylkove
Tulcea
Sulina
Bilhorod-Dnist
Illičiv
Balta
Kodyma
Kotovs'k
Pervomajs'k
Tatarbunary
Arcyz
Bolhrad
Măcin
Babadag
Hârșova
Cernavodă
Medgidia
Constanța
Mamaia
Năvodari
Valul lui Traian
Nižnij Trajanov val
Dunajs'kyj biosfernyj zapovidnyk
Delta Dunării
Delta du Danube
Sfântu Gheorghe-Palade-Perișor
Grindul Chituc

D
E
F
127
1
2
3
4
5
6
Kirovhrads'ka oblast'
Dnipropetrovs'ka oblast'
Mykolajivs'ka oblast'
Chersons'ka oblast'
Resp. Krym
Krymskyj p-iv
Rivne
Novhorodka
Kompanijivka
Petrove
Žovti Vody
Bobrynec'
Dolyns'ka
Hurivka
Lozuvatka
Sofijivka
KRYVYJ RIH
Ustynivka
Žovtneve
Bazavluk
Brats'ke
Hnylyj Jelanec'
Kazanka
Inhulec'
Ordžonikidze
Jelanec'
Novyj Buh
Šyroke
Apostolove
Kujbyševka
Vozsijats'ke
Trojic'ko-Safonove
NIKOPOĽ
Zelenodoľs'k
Mar'jans'ke
Vysokopillja
Kam'janka-Dniprovs'ka
Archanhel's'ke
Novovoroncovka
Vysun'
Pivdennyj Buh
Inhul
Baštanka
Nova Odesa
Bereznehuvate
Vel. Oleksandrivka
Kachovs'ke vodoschovyšče
Javkyne
Davydiv Brid
Stepove
Velyka Lepetycha
Snihurivka
Rubanivka
Kalynivka
Temivka
Pervomajs'ke
MYKOLAJIV
Beryslav
Kachovka
Nyž. Torhaji
Tjahynka
Nova Kachovka
Frunze
Inhulec'
Dnipro
CHERSON
Očakiv
Dniprovskyj lyman
Oleksandrivka
Cjurupyns'k
Nov. Majačka
Askanija-Nova zapov.
Askanija-Nova
Hola Prystan'
Brylivka
Čaplyn'skyj kanal
Novotrojic'ke
Čornomors'kyj zapovidnyk
Čulakivka
Čaplynka
Voskresenka
Tendrivs'ka Kosa
Krasnoznamjans'kyj kanal
Novomykolajivka
Myrne
Kalančak
Azovo-Syvas'kyj nac. p.
Novofedorivka
Skadovs'k
Armjans'k
Zatoka Syvaš
Džarylhač'ka zatoka
zatoka
Karkinits'ka
Krasnoperekops'k
Pivnično-Kryms'kyj kanal
Vojinka
Rozdoľne
Slov'jans'ke
Pervomajs'ke
Čornomors'ke
Vojkove
Krasnohvardijs'ke
Olenivka
Novoselivs'ke
Myrnyj
oz. Sasyk
JEVPATORIJA
Saky
Hvardijs'ke
Kalamits'ka zatoka
SIMFEROPOĽ
Mykolajivka
Aľma
Kača
Naučnyj
Bachčysaraj
SEVASTOPOĽ
Kryms'kij zapov.
Jalta
Foros
Alupka
MORE
Kerč
50 km
E577
P16
P06
M23
M14
E58
M24
E97
M26
P07
E105
M18

A
B
C
128
Prydniprovs'ka vysočyna
Kirovhrads'ka oblasť
Dnipropetrovs'ka oblasť
Mykolajivs'ka oblasť
Chersons'ka oblasť
Pryčornomors'ka Nyzovyna
Resp. Krym
Krymskyj p-iv
Krymskyj hory
Zapo
Novhorodka
Kompanijivka
Petrove
Žovti Vody
P'jatychatky
Mykolajivka
Solone
Dolyns'ka
Hurivka
Lozuvatka
Sofijivka
Novopokrovka
Ustynivka
KRYVYJ RIH
Čumaky
Žovtnéve
Bazavluk
Kazanka
Inhulec
Tomakivka
ZAPO
Ordžonikidze
Trojic'ko-Safonove
Šyroke
Apostolove
Marhanec'
Zelenodol's'k
NIKOPOĽ
Vyščetarasivka
Mar'jans'ke
Kam'janka-Dniprovs'ka
Enerhodar
Vysokopillja
Archanhel's'ke
Novovoroncovka
Baštanka
Vasylivk
Dniprorudne
Bereznehuvate
Vel. Oleksandrivka
Vel. Bilozerka
Javkyne
Davydiv Brid
Verch. Rohačyk
Mychajlivka
Snihurivka
Velyka Lepetycha
Pervomajs'ke
Rubanivka
Matvijivka
Veselé
Terpinnja
Beryslav
Nyž. Sirohozy
Kachovka
Družbivka
CHERSON
Tjahynka
Nyž. Torhaji
Ivanivka
Jakymivka
Nova Kachovka
Frunze
Dnipro
Cjurupyns'k
Nov. Majačka
Kachovs'kyj kanal
Hola Prystan'
Askanija-Nova zapov.
Askanija-Nova
Petrivka
Moločnyj lyman
Brylivka
Čaplyn'skyj kanal
Čaplynka
Novotrojic'ke
Syvas'ke
Krasnoznamjans'kyj kanal
Novomykolajivka
Myrne
Voskresenka
Novooleksijivka
Kalančak
Azovo-Syvas'kyj nac. p.
Heničes'k
Utľuks'kyj lyman
Fedotova
Skadovs'k
Armjans'k
Azovo-
kosa Byr'učyj Os
Džarylhac'ka zatoka
Karkinits'ka zatoka
Krasnoperekops'k
Pivnično-Kryms'kyj kanal
kosa Arabats'ka Strilka
Syvaš
Vojinka
Rozdol'ne
Slov'jans'ke
Pervomajs'ke
Džankoj
Očakiv
Čornomors'ke
Krasnohvardijs'ke
Vojkove
Nyžn'ohirs'kyj
Olenivka
Novoselivs'ke
Salhyr
Myrnyj
Sadove
Kirovs'ke
oz. Sasyk
JEVPATORIJA
Saky
Hvardijs'ke
Vladyslavivka
Bilohirs'k
Star. Krym
Odesa
Kalamits'ka zatoka
Mykolajivka
SIMFEROPOĽ
Planers'ke
Perevalnoe
Sudak
Alma
Kača
Pryvitne
Naučnyj
Bachčysaraj
Alušta
Kryms'kyj zapov.
h. Roman-Koš
SEVASTOPOĽ
Constanța
Sokolinoe
Hurzuf
Jalta
Alupka
Foros
ČORNE MORE
50 km
132
E50
E105
E58
E97
M14
M24
M26
M25
M17
M18
P02
P06
P07
P08

D
E
F
232
129
KRASNOARMIJS'K
Rodyns'ke
HORLIVKA
Čornuchyne
Ivanivka
Vasyl'kivka
Mežova
245
M04
JENAKIJEVE
74
E40
Demuryne
Selydove
Kirovs'ke
KR. LUČ
Antracyt
Novopavlivka
Jasynuvata
MAKIJIVKA
Šachtars'k
1
Havrylivka
Krasnohorivka
Snižne
Pokrovs'ke
Bahatyr
Kurachove
DONEC'K
Ilovajs'k
Oleksandrivka
Ternuvate
Vel. Novosilka
Olenivka
Kujbyševo
Dokučajevs'k
Amvrosijivka
Uspenivka
Pavlivka
Donec'ka oblast'
Starobeševe
Huljajpole
Hovotrojic'ke
121
Uljanivs'ke
Ljubymivka
Novopetrykivka
Kumačove
Matveev
Čubarivka
Volnovacha
Rostovskaja
Polohy
Začativka
Malokirsanovka
Mius
P19
Tarasivka
Rozivka
Andrijivka
Mychajlivka
Tel'manove
Kujbyševe
Kujbyševe
Fëdorovka
oblast'
2
Kamjani Mohyly
Kalmius
TAGANROG
Smyrnove
Talakivka
E58
M23
Černihivka
Volodars'ke
Berestove
M14
Andrijivka
Manhuš
MARIUPOL'
Novoazovs'k
180
Zelenivka
E58
Rostov-na-Donu
Taganrogskij zaliv
M14
Osypenko
Ursuf
Margarit
Novopetrivka
Hannivka
Dmytrivka
+2h Gr. Time
+3h Gr. T.
Petrivs'ka fortec'a
202
BERDJANS'K
Ejskoe Ukreplenie
Prymors'k
Berdjans'ka zatoka
Ejskij liman
Berdjans'ka kosa
Ejsk
3
Obytočna zatoka
Dolžanskaja
Staroščerbinovskaja
Obitočna kosa
Starominskaja
Novoščerbinovskaja
Kamyševatskaja
ROSSIJA
Jasenskaja
Novominskaja
oz. Hanskoe
Kopanskaja
lim. Kuščevatyj
lim. Sladkij
Bejsugskij liman
Azovskoe
Privol'naja
Primorsko-Ahtarsk
lim. Krasnyj
Bejsug
4
lim. Bojkov
lim. Kirpil'skij
Priazovskaja
more
Br'uchoveckaja
Stepnaja
Krasnodarskij
Protoka
Grivenskaja
Novonikolaevskaja
lim. Dolgij
Kraj
Kazantips'ka zatoka
Temryjukskij zaliv
Petrovskaja
Kalininskaja
Protoka
lim. Vojskovoj
Krasnoarmejskaja
Staronižesteblievskaja
KERČ
Ivanovskaja
M17
Tamanskij zaliv
Temrjuk
P251
Slavjansk-na-Kubani
5
Taman'
M25
Starotitarovskaja
Kuban'
Troickaja
Kalinin
Varenikovskaja
Zavitne
E97
m. Opuk
Kerčens'ka
Kiziltašskij liman
Krymsk
Anapa
173
Abinsk
Holmskij
Afipskij
171
NOVOROSSIJSK
Abrau-Djurso
E97
Gelendžik
Gorj
6
114
M4
OE MORE
Samsun
Batumi
Tuapse
Arzipo-Osipovka
Džubga
Novomihajlovskij

KARTENLEGENDE

Autobahn, mehrspurige Straße - in Bau Highway, multilane divided road - under construction		Autoroute, route à plusieurs voies - en construction Autosnelweg, weg met meer rijstroken - in aanleg
Fernverkehrsstraße - in Bau Trunk road - under construction		Route à grande circulation - en construction Weg voor interlokaal verkeer - in aanleg
Hauptstraße Main road		Route principale Hoofdweg
Nebenstraße Secondary road		Route secondaire Overige verharde wegen
Fahrweg, Piste Practicable road, track		Chemin carrossable, piste Weg, piste
Straßennummerierung Road numbering	E20 11 70 26	Numérotage des routes Wegnummering
Entfernungen in Kilometer Distances in kilometers	259 130 129	Distances en kilomètres Afstand in kilometers
Höhe in Meter - Pass Height in meters - Pass	1365	Altitude en mètres - Col Hoogte in meters - Pas
Eisenbahn - Eisenbahnfähre Railway - Railway ferry		Chemin de fer - Ferry-boat Spoorweg - Spoorpont
Autofähre - Schifffahrtslinie Car ferry - Shipping route		Bac autos - Ligne maritime Autoveer - Scheepvaartlijn
Wichtiger internationaler Flughafen - Flughafen Major international airport - Airport		Aéroport important international - Aéroport Belangrijke internationale luchthaven - Luchthaven
Internationale Grenze - Provinzgrenze International boundary - Province boundary		Frontière internationale - Limite de Province Internationale grens - Provinciale grens
Unbestimmte Grenze Undefined boundary		Frontière d'Etat non définie Rijksgrens onbepaalt
Zeitzonengrenze Time zone boundary	-4h Greenwich Time -3h Greenwich Time	Limite de fuseau horaire Tijdzone-grens
Hauptstadt eines souveränen Staates National capital	**KIEW**	Capitale nationale Hoofdstad van een souvereine staat
Hauptstadt eines Bundesstaates Federal capital	**ODESSA**	Capitale d'un état fédéral Hoofdstad van een deelstat
Sperrgebiet Restricted area		Zone interdite Verboden gebied
Nationalpark National park		Parc national Nationaal park
Antikes Baudenkmal Ancient monument		Monument antique Antiek monument
Sehenswertes Kulturdenkmal Interesting cultural monument	*Chambord*	Monument culturel intéressant Bezienswaardig cultuurmonument
Sehenswertes Naturdenkmal Interesting natural monument	*Gorges du Tarn*	Monument naturel intéressant Bezienswaardig natuurmonument
Brunnen Well		Puits Bron
Ausflüge & Touren Excursions & tours		Excursions & tours Uitstapjes & tours

REGISTER

In diesem Register sind alle im Reiseführer erwähnten Orte und Ausflugsziele aufgeführt. Halbfette Seitenzahlen verweisen auf den Haupteintrag.

> SCHREIBEN SIE UNS

Liebe Leserin, lieber Leser,

wir setzen alles daran, Ihnen möglichst aktuelle Informationen mit auf die Reise zu geben. Dennoch schleichen sich manchmal Fehler ein – trotz gründlicher Recherche unserer Autoren/innen. Sie haben sicherlich Verständnis, dass der Verlag dafür keine Haftung übernehmen kann.

Wir freuen uns aber, wenn Sie uns schreiben.

Senden Sie Ihre Post an die MARCO POLO Redaktion, MAIRDUMONT, Postfach 3151, 73751 Ostfildern, info@marcopolo.de

IMPRESSUM

Titelbild: Felsenschloss Schwalbennest bei Jalta, Krim (Huber: Gräfenhain)
Fotos: Maxym Balanduh (15 u.); Joni Beck (3 M., 108); Delfinariy Nemo (104 M. l.); DUN: Oleg Lavrentyev (12 u.); EIDOS Contemporary Art Centre (15 o.); © fotolia.com: Michael Gerlach (105 M. l.), Traveler (105 u. r.); R. Freyer (2 l., 4 l., 29, 46/47, 48, 49, 52, 54, 56, 59, 64, 66, 69, 139); C. Hoffmann (28/29, 87, 92/93, 94, 97, 103, 111, 138); Huber: Aldo (16/17), Gräfenhain (U. r., 1, 2 r., 3 r., 5, 6/7, 8/9, 30/31, 35, 36/37, 41, 70/71, 72, 76/77, 77, 81, 88, 90, 100/101, 106/107, 122/123), Klaes (18, 39) Thiele (32); © iStockphoto.com: Nikolay Alexandrov (104 o. l.), Alain Couillaud (104 u. r.), garuti (13 u.), Paul McKeown (105 o. l.); Oleg Saenko (104 M. r.); Andrey Kiritchenko (12 o.), Laif: Back (84), Bungert (62/63), Hemis (110), Hill (20), Jonkmanns (26); Laif/Figaro Magazine: Stephan Gladien (3 l., 43), Luider (110/111); Laif/Reporters: Hannes (75); LUKIS: Alex Budin (14 o.); Mauritius Images: Alamy (U. M., 23), Wojtek Buss (22), Harding (22/23); Ukraine.ro (14 M., 105 M. r.); vario images: bluemagenta (28), Imagebroker (U. l., 78), McPhoto (82), Profimedia (24/25), Sodapix (45); Visum: PhotoXPress (98); Th. Wirtz (4 r., 11, 27, 50, 60); Kirill Yasko (13 o.); zavoloka.com (14 u.)

1. Auflage 2010

Chefredaktion: Michaela Lienemann (Konzept, Chefin vom Dienst), Marion Zorn (Konzept, Textchefin)
Autor: Clemens Hoffmann; Redaktion: Leonie Neumann
Programmbetreuung: Silwen Randebrock
Bildredaktion: Gabriele Forst
Szene/24h: wunder media, München; Kartografie Reiseatlas: © MAIRDUMONT, D-73751 Ostfildern
Innengestaltung: Zum goldenen Hirschen, Hamburg; Titel/S. 1–3: Factor Product, München
Daten der Wettertabelle: Ukrainisches hydrometeorologisches Zentrum

Printed in Germany. Gedruckt auf 100% chlorfrei gebleichtem Papier

> UNSER AUTOR

MARCO POLO Insider Clemens Hoffmann im Interview

Clemens Hoffmann lebt in Kiew. Der Journalist liebt Schaschlik am Dnjepr und staunt, wie die Ukrainerin unfallfrei durchs Leben stöckelt.

Sie leben seit 2007 in Kiew. Wie ist es dazu gekommen?

Ich bin mit meiner Frau, einer deutschen Diplomatin, hierher gezogen. Wir sind im Hochsommer angekommen und haben uns gleich in Kiew verliebt.

Was reizt Sie an der Stadt?

Kiew ist wahnsinnig grün. Und immer überraschend: Es vergeht kein Tag, an dem ich nicht etwas Unvermutetes entdecke: eine bröcklige Jugendstilfassade. Ein stilles Kirchlein. Einen neuen Ausblick auf den großen Fluss. Ich wundere mich immer noch, wie die jungen Frauen hier auf schwindelerregenden Absätzen unterwegs sind, ohne zu straucheln.

Und was mögen Sie an Kiew nicht so?

Die täglichen Staus. Die rücksichtslos zugeparkten Bürgersteige. Und die gefräßigen Mückenschwärme an lauen Sommerabenden am Dnjepr.

Wo und wie leben Sie genau?

Ganz zentral und trotzdem ruhig. Nicht weit vom Opernhaus, in einem schönen Altbau mit Blick ins Grüne.

Sprechen Sie Ukrainisch?

Leider nur ein paar Brocken. Aber ich arbeite daran, immer besser Russisch zu lernen. Leider ist der Fortschritt oft eine Schnecke. Und manchmal möchte man aufgeben. Da hilft ein russisches Sprichwort: „Lernen hat eine bittere Wurzel, aber es trägt süße Früchte." Warten wir's ab.

Was machen Sie beruflich in der Ukraine?

Ich arbeite als Journalist für den ARD-Hörfunk, für Zeitungen und Zeitschriften.

Was prädestiniert Sie als MARCO POLO Autor?

Ich bin lange genug im Land, um mich gut auszukennen, aber kurz genug, um nicht vergessen zu haben, welche Informationen für den Anfang nützlich sind.

Mögen Sie die ukrainische Küche?

Für ein zünftiges Schaschlik am Dnjepr bin ich immer zu haben. Schließlich will ich diese Fleischhappen eines Tages selbst so unwiderstehlich knusprig hinbekommen. Als Hobbykoch kommt mir entgegen, dass viel mit frischen Zutaten gekocht wird. Fertigprodukte sind zum Glück noch nicht sehr verbreitet.

Können Sie sich vorstellen, irgendwann wieder in Ihrem Heimatland zu leben?

Wir führen ein nomadenhaftes Leben. Alle paar Jahre ziehen wir weiter. Trotzdem sind mir Land und Leute ans Herz gewachsen. Ich ahne schon: Die Ukraine wird mir fehlen.

> BLOSS NICHT!

Worauf Sie achten und was Sie meiden sollten

Frauen die Hand schütteln

Es sei denn, Sie wollen sich sofort als Ausländer outen. Händeschütteln ist nur unter Männern üblich. Frauen begrüßt man natürlich trotzdem genauso herzlich. Mit einem Nicken oder – wenn man sich schon besser kennt – mit einem Kuss auf die Wange. Apropos Händeschütteln: Niemals über der Türschwelle! Das soll Unglück bringen.

„Sonderzahlungen" leisten

Ab und zu werden Reisende von der Verkehrspolizei oder an der Grenze zur Zahlung von Gebühren oder Bußgeldern aufgefordert. Bleiben Sie gelassen. Bestehen Sie im Notfall darauf, ein Protokoll aufzunehmen. Verlangen Sie eine Quittung und notieren Sie Namen und Dienstnummer des Beamten.

Sich mit Drogen erwischen lassen

Mehrjährige Gefängnisstrafen drohen bereits bei der Einfuhr, dem Besitz, dem Transport oder dem Konsum geringer Mengen weicher Drogen. Drogenschmuggel oder Handel innerhalb der Ukraine wird mit Freiheitsstrafen von bis zu zwölf Jahren geahndet.

Sich nach Geldbündeln bücken

Sollte Ihnen plötzlich ein Bündel Banknoten vor die Füße segeln, machen Sie einen Bogen darum! Geben Sie das verlorene Geld hilfsbereit zurück, werden die herbeigeeilten Betrüger behaupten, Sie hätten sich beim Aufheben etwas davon in die eigene Tasche gesteckt. Bei der Portemonnaiekontrolle stehlen Ihnen die Schlitzohren dann die Kreditkarte oder Bargeld. Also: Bei unerwartetem „Geldregen" einfach lächelnd weitergehen.

Sex ohne Kondom

Aids breitet sich in der Ukraine rasant aus. 1,4 % der ukrainischen Bevölkerung sind bereits mit HIV infiziert. In keinem anderen europäischen Land wächst die Zahl der Infizierten so schnell.

Überteuert Taxi fahren

An allen ukrainischen Flughäfen dasselbe Spiel: In der Ankunftshalle werden Sie von Taxifahrern eingekreist, die nicht selten Wucherpreise verlangen. Lassen Sie sich nicht bedrängen, handeln Sie den Preis herunter oder benutzen Sie öffentliche Verkehrsmittel. Von allen Flughäfen und Bahnhöfen fahren Busse oder Marschrutkas für wenig Geld ins Zentrum. Ihr Hotel kann Ihnen einen Fahrer vermitteln, der Sie zum Festpreis abholt.

Zu aufreizend in die Kirche

Auch wenn die Sonne brennt: Achten Sie beim Besuch von Kirchen und Klöstern darauf, dass Schultern und Knie bedeckt sind. Frauen sollten ein Kopftuch anlegen. Obwohl dies nicht überall gleich streng gesehen wird, sind Sie damit auf der sicheren Seite.